CONSTANTIN GUUS

LIBRAIRIE·ARTISTIQUE·INTERNATIONALE·65·RUE·DU·BAC·PARIS ~ PRIX·NET·6·FRANCS

L'ART ET LE BEAU
QUATRIÈME ANNÉE
VOLUME I: CONSTANTIN GUYS

L'ART ET LE BEAU

Programme de la quatrième année:

CONSTANTIN GUYS. Texte de Georges Grappe
DANTE GABRIEL ROSSETTI. Texte de Arthur Symons
HODLER ET LES SUISSES. Texte de Rudolf Klein
FÉLICIEN ROPS. Texte de Gustave Kahn
L'ART JAPONNAIS. Texte de Laurence Binyon
AD. OBERLÄNDER ET MORITZ VON SCHWIND. Texte
de Rudolf Klein

Les numéros de l'Art et le Beau seront
livrés sous carton à la cuve au prix
de 6 frc., sous toile, au prix de 8 frc.

Par abonnement à 3 numéros

le prix sera réduit à 5,50 et à 7,50 frc. le numéro

Par abonnement à 6 numéros

le prix sera réduit à 5,00 et à 7,00 frc. le numéro

Il sera imprimé, en outre, 100 exemplaires de chaque numéro
au prix de 25 frc.; le texte sur papier à la cuve, les dessins,
sur papier de grand luxe, le tout relié en vrai parchemin.

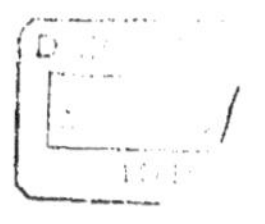

CONSTANTIN GUYS

CONSTANTIN GUYS
PAR GEORGES GRAPPE

VINGT-QUATRE DESSINS SUR PAPIER
MAT DE GRAND LUXE, TRENTE-NEUF
⋄⋄⋄   ILLUSTRATIONS TEINTÉES   ⋄⋄⋄

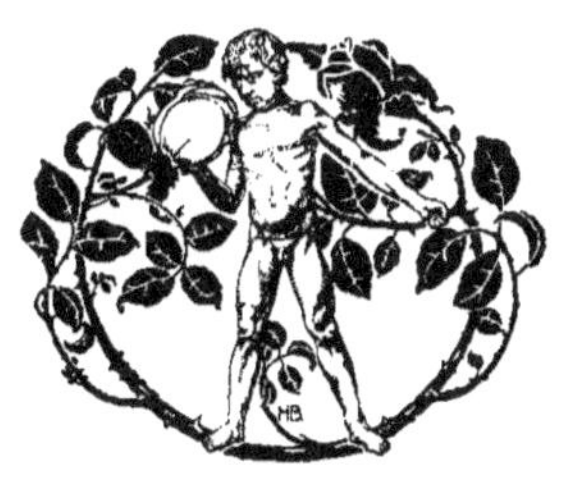

LIBRAIRIE ARTISTIQUE ET LITTÉRAIRE
65, RUE DU BAC, PARIS

L A COUVERTURE DE CET OU-
VRAGE EST DE WILLY BELLING;
LA MARQUE DES ÉDITEURS, EN
FRONTISPICE, DE HANS BASTANIER.
LES DEUX CENTS PREMIERS EXEM-
PLAIRES SONT IMPRIMÉS SUR PAPIER
À LA CUVE, LES ILLUSTRATIONS, SUR
PAPIER MAT DE GRAND LUXE. CES
EXEMPLAIRES SONT RELIÉS EN VRAI
PARCHEMIN ET REVÊTUS DE LA SI-
GNATURE AUTOGRAPHE DE L'ARTISTE

❖ TOUS DROITS RÉSERVÉS ❖

IMPRIMERIE DE LA LIBRAIRIE
ARTISTIQUE ET LITTÉRAIRE, PARIS

L'IMPRIMEUR-GÉRANT: G. COUSTAL

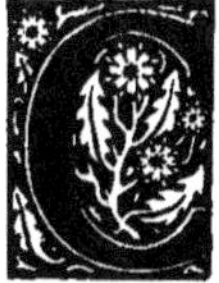

onstantin Guys*), d'origine française, vit le jour en Hollande.
L'acte de naissance, que retrouva M. Roger Marx, au cours
d'une halte à Flessingue, est ainsi rédigé: «Ernestus-Adol-
phus-Hyacinthus-Constantinus Guys, né à Flessingue, le
3 décembre 1805, d'Elisabeth Betin et de François-Lazare
Guys, commissaire en chef de la marine française.» Et
l'extrait de baptême, daté du 26 janvier 1806, porte la mention qu'il eut
pour parrain un de ses oncles «commissaire des relations de la Ré-
publique Française à Rotterdam».

C'est à peu près tout ce que nous savons aujourd'hui de son enfance.
Et, de sa vie nous ne saurons guère plus — en dépit de deux ou trois
repères auxquels nous nous reporterons, en temps voulu — jusqu'au moment où naîtra l'artiste, où, cet admirable déclassé occupera enfin, dans
le monde et la société, les places pour lesquelles il avait été créé.

On voudrait cependant rêver un peu, à l'occasion de cette aventure qui fit naître ce pur Français dans une des provinces lointaines
de l'Empire, au temps où se renouvelait l'épopée prestigieuse de Rome.

Par son père et par son parrain, nous savons qu'il appartenait à
une famille de fonctionnaires français, issue de nos provinces du Midi.
Ce fut donc au hasard, qu'il dut de voir le jour dans cette petite ville
hollandaise — poste stratégique de la Zélande — posé en sentinelle
avancée, aux frontières marines du pays. L'île de Walcheren, qui la
couvre, ne se contente pas de ce rôle d'observation; industrieuse, elle
veille à préparer la guerre depuis des siècles, par ses arsenaux et ses
chantiers. Et, comme tous les lieux où se sculptent les grandes flottes
belliqueuses, pimpantes sous le vent des mers lointaines, elle comporte
une population cosmopolite et pittoresque, séduisante pour un jeune
regard qui s'amuse des coloris et des gestes nouveaux, qui les saisit
et les transporte à jamais dans sa mémoire fraîche . . . Population
étrange d'ouvriers, de débardeurs, de manœuvres et de marins, que Guys
retrouvera d'ailleurs au cours de ses longs voyages, à travers le monde,
dans les Orients sacrés, tout embaumés de la fleur des épices enivrantes,

---

*) Guys déclarait parfois à ses amis que son nom exact était Guys de Sainte-
Hélène.

6

qui lui devient, dès ce temps, familière et qui meuble de silhouettes, de mouvements, de nuances imprévues, son génie pour longtemps encore inconscient. C'est, sur ces débarcadères, dans ce hâvre industrieux, qu'il acquiert indubitablement ce sens des foules qu'il excellera plus tard à rendre, lorsqu'il peindra les bazars de la Turquie et les armées mouvantes, prenant place, au matin d'une bataille ou d'une solennité d'apparat . . .

Nous ne savons pas si les hasards de la carrière paternelle firent connaître à l'enfant d'autres pays. Mais il serait bien curieux que, seul le commissaire en chef de la marine française eût échappé aux randonnées, qu'imposait César à tous ses fonctionnaires. Si l'on songe que Guys fut hanté toute sa vie, au temps même où comme un vieux corsaire, il se reposait de ses équipées lointaines, par la nostalgie de l'Orient, il est bien probable que François-Lazare fut appelé en des Dalmaties lointaines, vers ces provinces de l'Illyrie, chères à Fouché, duc d'Otrante et inhospitalières à Charles Nodier, bibliothécaire impérial in-partibus de ces pays. Et si même un jour, le jeune Constantin, épris de romantisme, vola au secours de la Grèce révoltée, avec une ardeur aussi prompte, c'est peut-être bien qu'il connaissait déjà la vieille terre, aïeule de nos arts et de nos politiques.

Enfin, on peut encore induire, du goût que Guys manifesta toute sa vie à l'égard du métier des armes et des parades qu'il comporte, pour*):

> . . . . *Le Hussard rapide*
> *Parant de gerbes d'or sa poitrine intrépide,*
> *Et le panache blanc des agiles lanciers,*
> *Et les dragons mêlant sur leur casque gépide*
> *Le poil taché du tigre aux crins noirs des coursiers,*

qu'il vécut plus ou moins dans les camps — ou tout au moins que pendant les congés paternels, sa famille revenant à Paris, il suivit avec enthousiasme, porté dans les bras de son père, ces revues du Carrousel

---

*) V. Hugo, «Mon enfance» — Odes et Ballades; 1823.

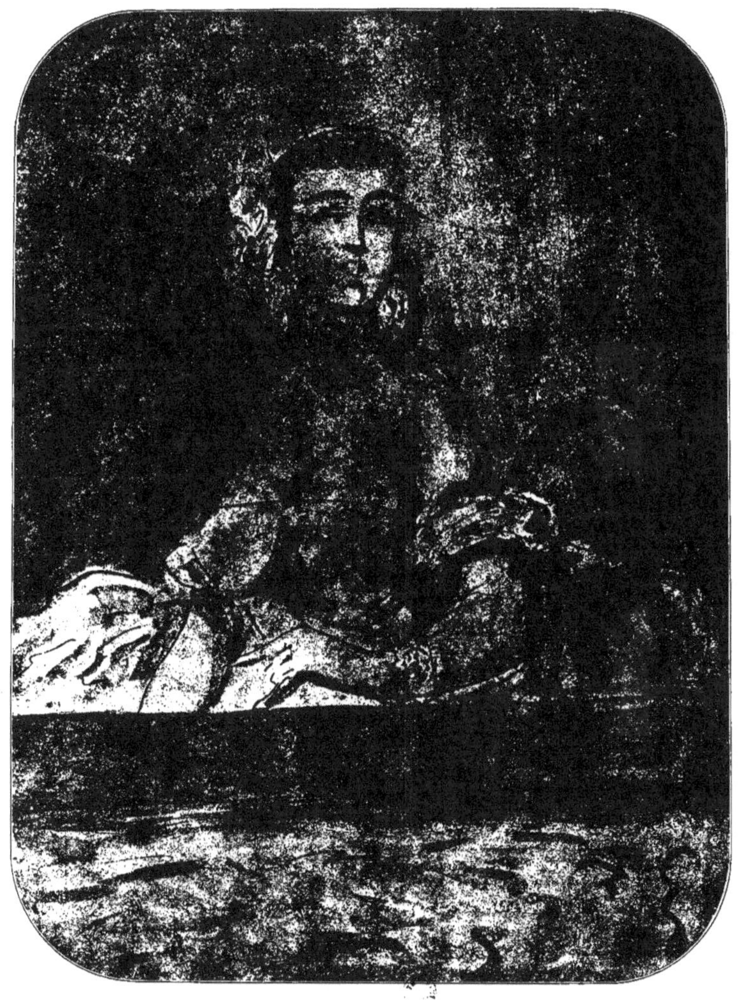

UNE LOGE   EINE LOGE   A BOX

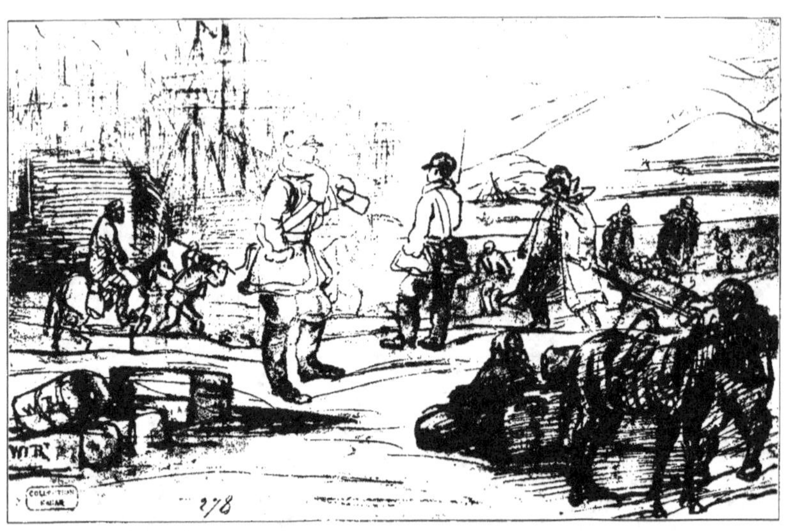

SÉBASTOPOL (1855)

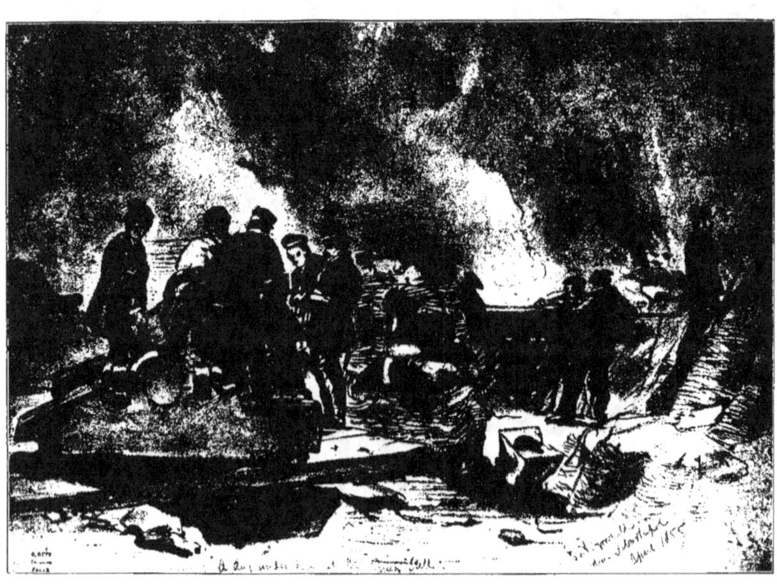

SEBASTOPOL

ou du Champ de Mars, où le peuple enivré, saoul de gloire militaire, acclamait le maître.

Pour combler les lacunes que nous offre la biographie de l'artiste, au moins au temps de son enfance, nous n'avons qu'à reprendre les œuvres de Victor Hugo, de George Sand ou de Dumas père, toutes remplies de cette obsession napoléonienne ... Les impressions durent être à peu près semblables.

◻   ◻
◻

Nous retrouvons Guys, à l'heure où sonnent ses dix-huit ans. Curieuse aventure que cette biographie! Nous ne savons rien des incidents qui ont marqué cette adolescence et nous sommes obligés de reconstituer la vie d'un homme qui mourut notre contemporain, comme nous aurions à le faire pour un artiste du temps passé, à l'aide de quelques indices surgissant malgré lui dans son œuvre, volontairement, obstinément impersonnelle. Grâce à quelques-unes des préférences qui se révèlent, malgré son impassibilité, ici et là, dans le choix des sujets qu'il aima, nous pouvons reconnaître l'influence qu'exerça sur lui le mirage impérial, mais nous ignorons tout du foyer où il se forma, de la condition des siens. Nous ne savons rien de sa culture, ni, si ses parents veillèrent à son éducation. Baudelaire lui-même, qui le peignit, de son vivant, conserve une égale discrétion à ce sujet. Et par delà ce mystère nous retrouverons le jeune homme seulement, en pleine révolte de la Grèce, compagnon de Lord Byron à Missolonghi — romantique de l'action ou dandy désabusé qui va chercher à perdre sur un champ de bataille une vie trop lourde à vivre, avant même d'avoir été vécue ...

Peut-être cependant, faut-il nous arrêter à la première hypothèse et ne voir dans l'équipée de cet enfant du siècle que l'expression d'ardeurs en disponibilité, mécontentes de ce régime pacifique que les Bourbons avaient instauré en France, au lendemain de Waterloo. Voler au secours de la Grèce — pour parler le langage de Casimir Delavigne, — c'était pour ces demi-soldes l'espérance de retrouver une occasion d'héroïsme et en même temps accomplir ce devoir filial que toutes les nations de l'Europe — et surtout la France — ont contracté, depuis deux mille ans, envers la mère vénérable et gracieuse de tous nos sentiments, la vieille Hellade, la première dans les Arts et dans la Gloire... Et ce fut, vraisemblablement, plutôt à cette inspiration que Constantin Guys obéit, en partant s'enrôler à la suite de Byron, puisque la tâche achevée, la victoire remportée, Navarin ayant décidé souverainement du sort de ce petit peuple, le jeune homme revint en France et s'engagea dans la cavalerie — aux dragons. C'est au cours de ce nouveau stade que se compléta l'éducation inconsciente qu'il se donnait et qui allait faire de lui un des plus merveilleux peintres de chevaux que nous ayons connus. Une tradition veut en effet qu'il ait été un soldat très zélé, très épris de son métier... Rêvait-il à ce moment de faire sa carrière dans l'armée? Espérait-il que cette tranquillité, en laquelle s'engourdissait l'Europe, ne saurait durer indéfiniment et qu'ainsi il pourrait à son tour réaliser ces fiévreuses et vagues ambitions qu'évoque l'idée de l'aventure? Voyait-il dans la carrière militaire une des seules situations auxquelles puisse se rallier un fils de famille que rien n'a préparé aux cadres de la vie — et peut-être aussi qui n'a pas la fortune que comporteraient ses désirs contenus et ses goûts? Toujours est-il, qu'après être resté quelques années en garnison, à vivre la vie monotone, turbulente et désœuvrée, avec l'unique passion du cheval, il se retira et démissionna comme sous-officier.

Là encore le mystère qui enveloppe les événements de la vie de Guys nous déconcerte. Il n'est pas probable, en effet, qu'il ait démissionné avant 1830. Et à cette date commençait cette campagne d'Algérie pour laquelle nul plus que lui n'était désigné. Les «servitudes militaires» sans les «grandeurs» l'avaient-elles lassé de manière irrémissible — ou bien ce rêveur était-il tourmenté par le «daimon» qui entraîne fatalement certains tempéraments d'artistes vers d'incessantes et nouvelles aventures et surtout vers l'indépendance?

□ □ □

Les amis de Constantin Guys résument d'un mot cette phase nouvelle qui commence dans sa destinée: «Il voyage...» Mot prodigieux et évocateur qui dans toutes les biographies, ouvre le champs aux rê-

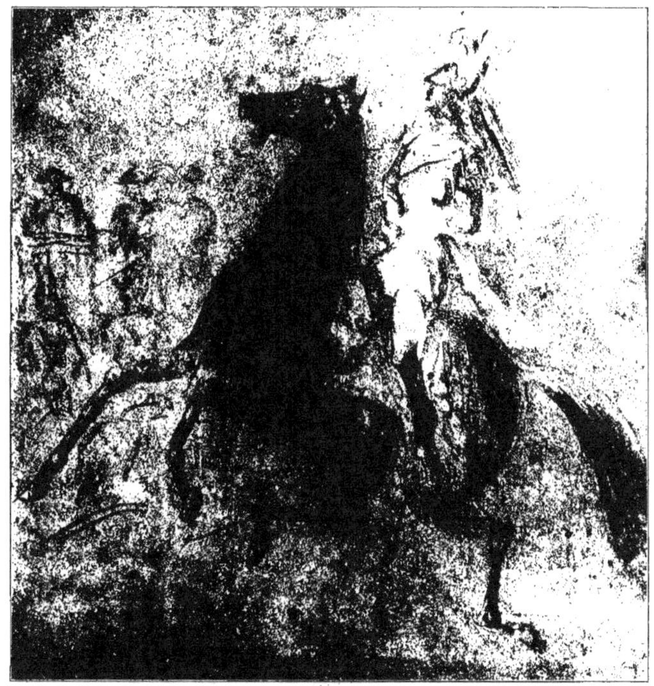

CENT GARDE

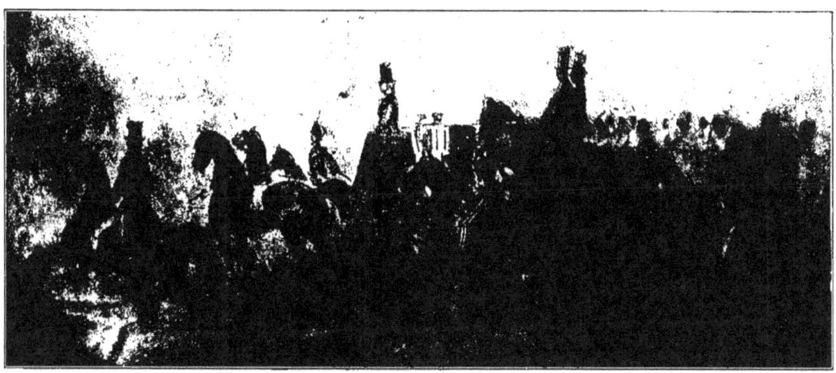

UN DÉFILÉ IMPÉRIAL   KAISERLICHE ESKORTE   IMPERIAL ESCORT

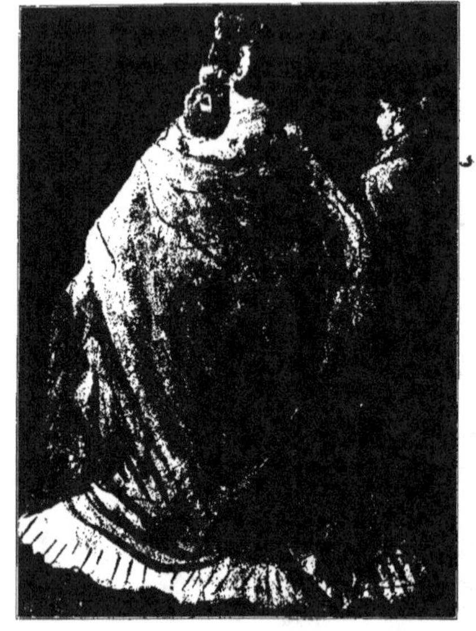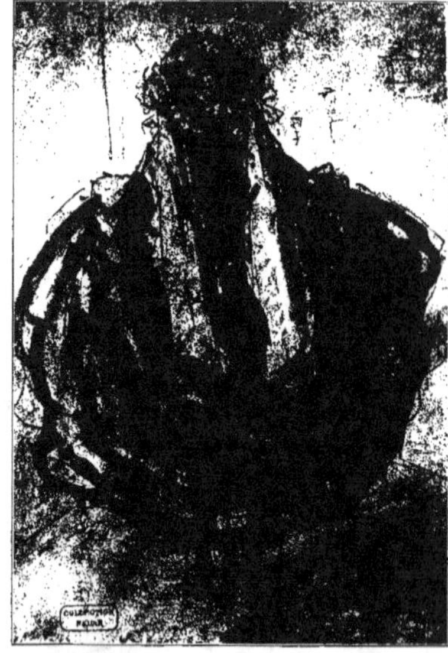

CHÂLES   UMSCHLAGETÜCHER   SHAWLS   UN RETROUSSIS   RAFFEN   LIFTING THE DRESS

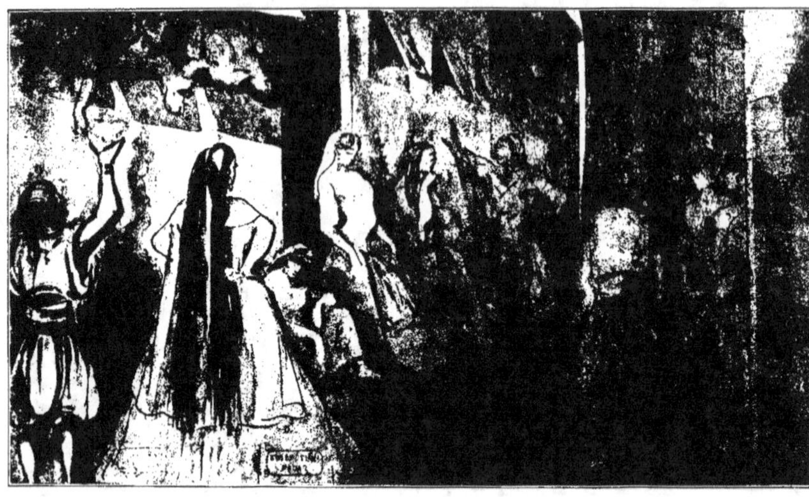

UNE RUE D'ORIENT   EINE STRASSE IM MORGENLAND   A STREET IN THE ORIENT

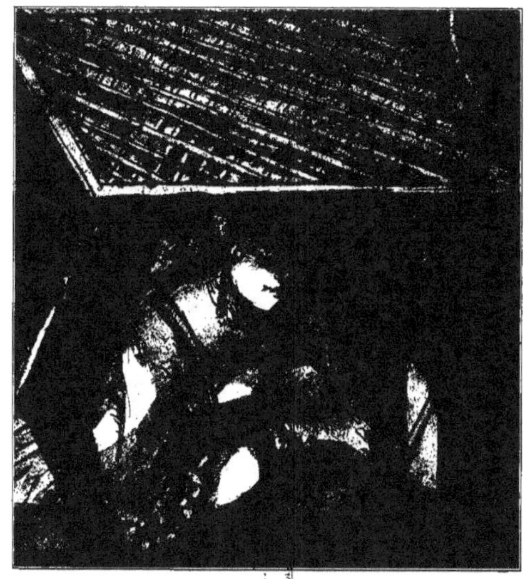

LA FENÊTRE   DAS FENSTER   THE WINDOW

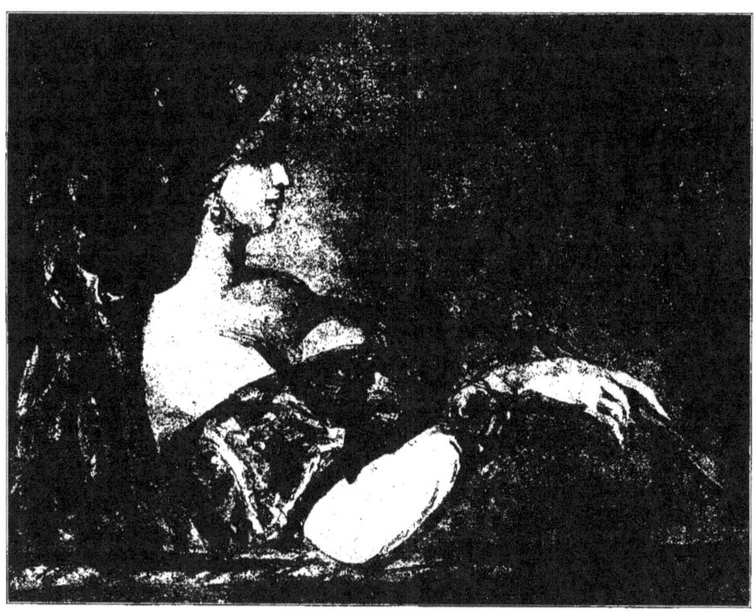

UNE ÉLÉGANTE   EINE ELEGANTE   A SWELL

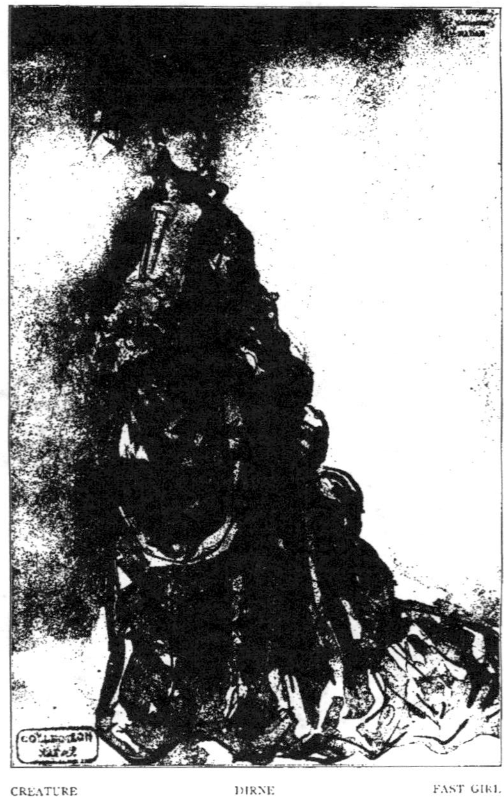

CREATURE   DIRNE   FAST GIRL

CREATURE   DIRNE   FAST GIRL

veries les plus belles, mais qui émeut diversement — lorsque le but du voyage est, comme ici, indéterminé — l'analyste qui suit à la piste tous les avatars d'une existence! L'horizon s'élargit alors, devant la pensée, au point de se confondre avec le ciel, comme un paysage marin, et l'on rêve à l'infini alors que l'on cherche, la petite ville, la contrée prodigieuse qui pourrait expliquer l'origine de telle ou telle œuvre. Soyons d'ailleurs aussi exacts que ceux qui nous renseignent et reconnaissons qu'ils précisent l'incertitude où ils nous jettent en l'accroissant, si l'on peut dire. Ayant quitté l'armée, Guys visite l'Europe et certaines régions de l'Orient... Mais nous savions déjà que la carrière administrative de son père l'avait conduit à l'étranger et qu'une fugue romantique l'avait rangé parmi les défenseurs de la Grèce. Quels pays nouveaux connut-il alors? Il y a telle ou telle esquisse de lui — certaines œuvres décrivant un Orient équivoque et fabuleux, que l'on voudrait pouvoir situer. Des manières de bazar, de longs boyaux de rue, tortueux et montants, mal pavés, étroits, où les persiennes soulevées semblent se rejoindre en toit, au dessus d'un ciel à peine entrevu, nostalgique, tant son bleu de turquoise est émouvant, des groupes dans ce décor, vêtus de vestes brodées, d'oripeaux éclatants et sordides, accroupis ou couchés sur les seuils. Un lourd parfum d'Orient monte, s'en dégage et l'on voudrait s'en mieux enivrer, à le reconnaître, parmi toutes les essences que distillent, dans le Levant les ghettos, les quartiers francs et les environs des cimetières de Stamboul.

Les Balkans, la Grèce, les deux Turquies, la Perse, l'Inde, où portat-til ses pas? L'amateur qui se plaît à son œuvre et qui a vu passer sous ses yeux un certain nombre de scènes semblables à celle-ci, innombrables dans ses croquis, comprendra l'hésitation. Le mélange des races, des costumes, et des coutumes, le grouillement chatoyant des chevelures et des étoffes, un je ne sais quoi de quartier mal famé et lépreux, déconcerte ...

Aucune précision. Mais après tout, peut-être ne faut-il pas chercher plus avant, ni se plaindre. Un rien de mystère ajoute à l'attrait de ces croquis que leur auteur affectait volontiers d'ailleurs de laisser inachevés, sans ce dernier trait qui délimite une œuvre et lui enlève par sa précision, un peu de son charme et de sa nonchalance ... D'autre part, nous savons que Constantin Guys était doué d'une mémoire visuelle prodigieuse; et, il est vraisemblable que, composant ces scènes, longtemps après, il mêlait avec aisance, insoucieux de reproduire les temps, les lieux et les hommes.

□ □
□

Une heure vient cependant où il accepte la tâche de reproduire exactement et immédiatement les spectacles qui se déroulaient sous ses yeux. Au retour de ses voyages, il avait été pris lui-même au goût des capitales et il s'était réinstallé à Paris où il lia commerce avec la plupart des grands artistes que comptait la France. En même temps, pour étancher cette soif du déplacement qui devait le tourmenter jusqu'à sa mort, et aussi bien pour ne pas perdre le contact qu'il avait pris avec les innombrables Anglais qu'il avait rencontrés de par le monde, il faisait de fréquents séjours à Londres. Il y demeurait parfois assez longtemps. Guys s'était, en effet, trouvé, malgré ses héridités méridionales, assez proche parent des Anglo-Saxons, par ses goûts et sa manière d'être. Flegmatique, réservé, aventureux et ami du dandysme, il n'avait pas tardé à faire de longs séjours de l'autre côté de la Manche. Et comme il s'essayait à cette époque — vers 1845 — à ses premiers croquis, il avait goûté l'estime que les artistes anglais lui en témoignaient.

A certains égards, il fut ainsi l'élève des journalistes britanniques du crayon et toute son œuvre en conserve une agréable sécheresse très personnelle, rare dans le monde latin. Ses croquis ont toujours un petit air d'*illustrations,* accomplis pour les Mille et une Nuits des temps modernes, ou pour des voyages, dans la façon de Tavernier ou de Galland. Certains autres orneraient mieux que n'importe quels dessins des récits de la guerre de Crimée ou des campagnes d'Orient.

Thackeray, — au cours de ces divers séjours de Guys à Londres ou peut-être à Paris (l'auteur de *Vanity Fair,* ayant longtemps séjourné en France) était devenu son ami. Et, lorsque celui-ci lui mit sous les yeux les silhouettes et les scènes populaires qu'il avais surprises, aux derniers jours de la monarchie de juillet et aux premiers temps du gou-

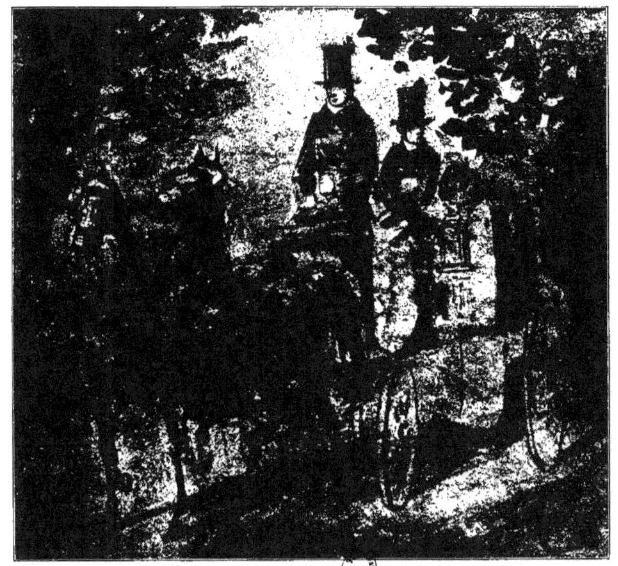

AU BOIS

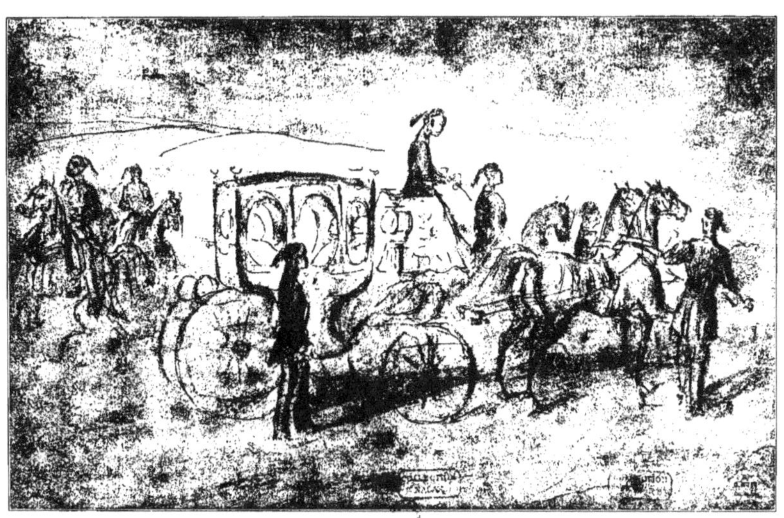

LA VOITURE DU SULTAN   DER WAGEN DES SULTANS   THE SULTAN'S CARRIAGE

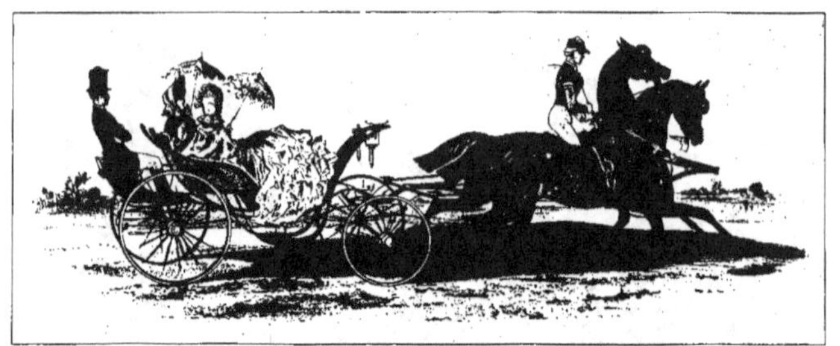

EQUIPAGE   EINE EQUIPAGE   A CARRIAGE

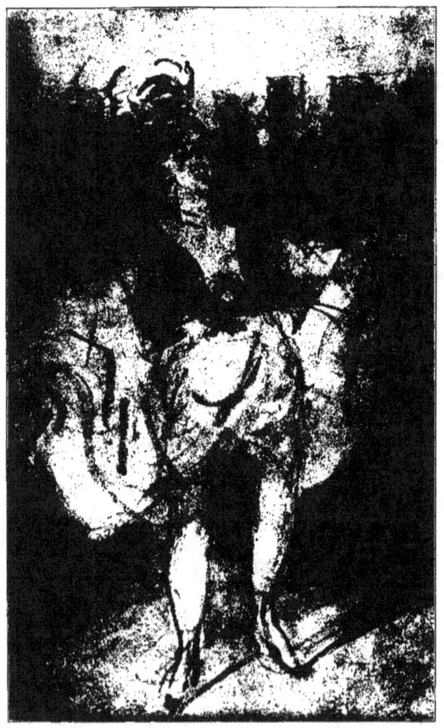

DANSEUSE DE BAL   TÄNZERIN AUF DEM   DANCER AT THE
PUBLIÉ   ÖFFENTLICHEN TANZBODEN   PUBLIC BALL

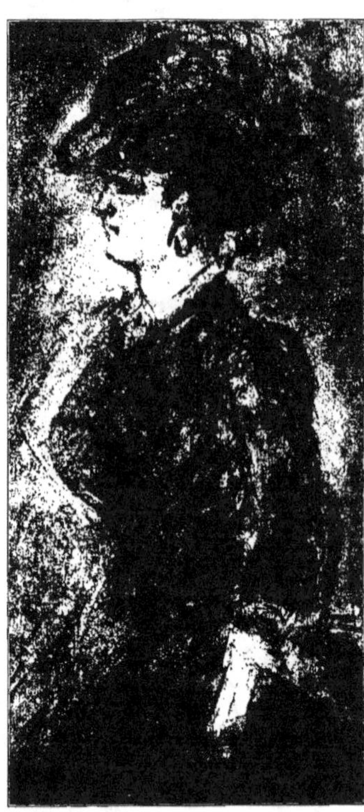

CRÉATURE   DIRNE   PROSTITUTE

vernement de février, le délicieux écrivain anglais s'enthousiasma et
courut Londres, criant Baruch, à qui voulait l'entendre. Il présenta
même à ses lecteurs l'artiste français — ce qui ne fut pas sans désobliger
Guys, qui lui garda un certain temps rancune à ce propos. Mais à
quelque chose ce malheur devait être bon. Dès ce moment, Constantin
Guys devint le collaborateur des grands périodiques londonniens et on
lui attribue quelque part dans la fondation de *l'Illustrated London News,*
ainsi que du *Punch.*

La vie du dessinateur prenait d'ailleurs, à ce moment une direction
nouvelle. Cet autodidacte, dont nous aurons l'occasion d'étudier les
procédés de travail, par ailleurs, commençait à connaître parfaitement
cet art si personnel qu'il avait, pour ainsi dire, recréé pour son usage
particulier, encore que jusqu'à la fin de sa carrière, il ait travaillé à
le perfectionner et à l'élargir. Un régime nouveau était né qui, senti-
mentalement, correspondait aux traditions de son enfance et ramenait
ces apparats, qui avaient charmé ses yeux de la dixième année. Il re-
trouvait au pouvoir un empereur, un Napoléon; dans les rues, les uniformes chamarrés portant les ordres, allant relever la garde, se rendant
aux revues ou galopant en escortes du souverain. Sur ce sol fiévreux,
balayé la veille par l'orage des révolutions, une société, magnifique et
folle, tout éprise de luxe et de débauches, avait poussé brusquement.
Il y avait dans Paris l'apparat imprévu des sociétés éphémères qui
veulent jouir, sans se soucier du déluge prochain. Les visites des princes
étrangers, des monarques alliés, des ambassades rivalisant de somptuo-
sité et d'éclat, les retours triomphants des derbys, les équipages des
courtisanes et des parvenus, les cuivres sonores rythmant le *Partant
pour la Syrie,* tout cela grisait Constantin Guys, parvenu à la maturité,
enivré de voir enfin reparues sous ses yeux toutes ces images décora-
tives, qui avaient embelli le matin de sa vie, qu'il avait cru ne revoir
jamais, et qu'il avait repassées dans sa mémoire, si longtemps ennuyé
de tout le reste, désabusé et mécontent . . .

Il était donc entièrement préparé à la mission militaire que lui
confièrent les éditeurs intelligents des nouveaux illustrés anglais, qu'il
avait contribué, esthétiquement parlant, à créer. Aussi, ce fut avec joie

qu'il accepta de partir, pour *l'Illustrated London News,* en Crimée, au titre de correspondant de guerre. Il était chargé d'envoyer des croquis, évoquant les divers aspects de la campagne franco-anglaise.

◦ ◦
◦

Aucune mission ne pouvait aussi bien convenir à Constantin Guys. D'un seul coup, celle-ci ramassa toutes ses tendances, tous ses goûts, toutes les aspirations de sa jeunesse, héroïque et crâne, et lui rendait pour ainsi dire, un poste dans l'armée, avec ce grade chimérique de chroniqueur de ses gestes. Ainsi, il reprenait heureusement du service, en obéissant à la passion de sa maturité. Ayant brisé son sabre jadis, quitté la selle, dévêtu l'uniforme, renvoyé son cheval de bataille, démissionné de ce rang qu'il avait tant aimé, il rentrait dans la grande famille, grâce à cette même fantaisie qui, un jour, l'en avait éloigné. Cette guerre qu'il avait souhaitée à l'heure de sa jeunesse, pour laquelle il s'était engagé, il la voyait donc enfin de ses yeux, qui l'avaient rêvée. Et, si son âge ne lui permettait plus de prendre part à la charge, grâce à son crayon fidèle et fougueux, il allait la décrire, d'une arabesque aussi folle qu'elle-même; il allait encore y participer.

Guys qui n'avait d'autre passion qu'une curiosité universelle, dut se sentir, ce jour là, grisé. Il fut au moins métamorphosé. Ses forces se trouvèrent décuplées ... Alors que, jusque-là, il n'exécutait jamais ses dessins d'après nature, qu'il amassait dans sa mémoire les détails, les paysages et les scènes pour les reprendre après coup, dans la fièvre de l'action, il rompit avec cette habitude. Aux camps, au milieu des tranchées, des hôpitaux, des villes prises, sur les champs de bataille, d'un seul jet, il exécuta ces merveilleuses scènes, larges, fortes, évocatrices, humaines, triomphantes ou douloureuses, qui comptent parmi ses plus belles œuvres. Le dandy nonchalant qui était en lui s'émut, et communia avec les multitudes armées, aux uniformes éclatants, formant les régiments qui s'énervaient dans l'attente de l'assaut. Un jour, il résume ainsi lui-même sa nouvelle technique, d'un mot inoubliable, formant légende sous le croquis: «*Taken on the spot*», dessiné sur le champ de bataille.

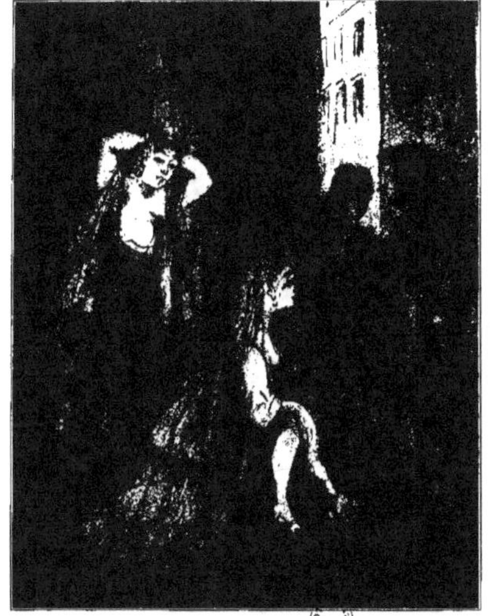

SUR LA PORTE   AUF DER TÜRSCHWELLE   ON THE THRESHOLD

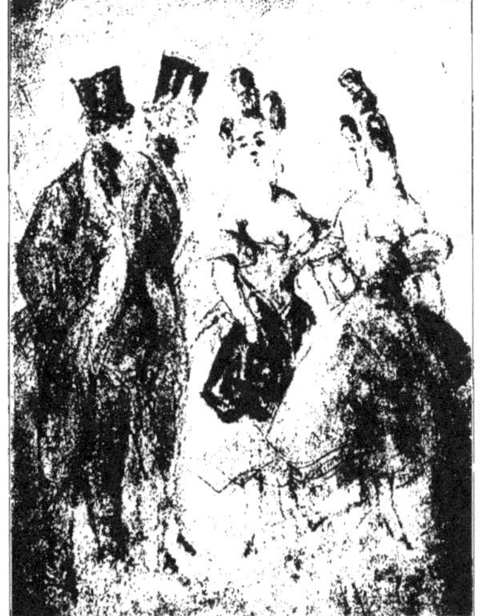

POURPARLERS   VERHANDLUNGEN   BARGAINING

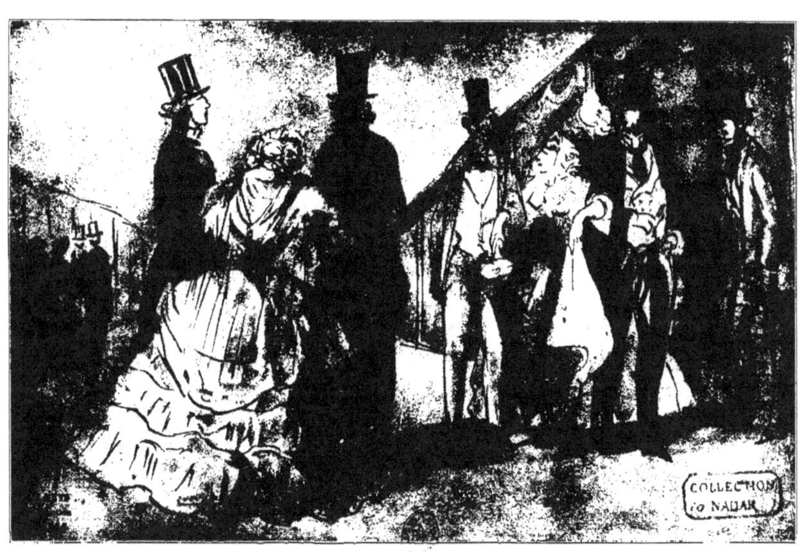

A L'EXPOSITION   IN DER AUSSTELLUNG   AT THE EXHIBITION

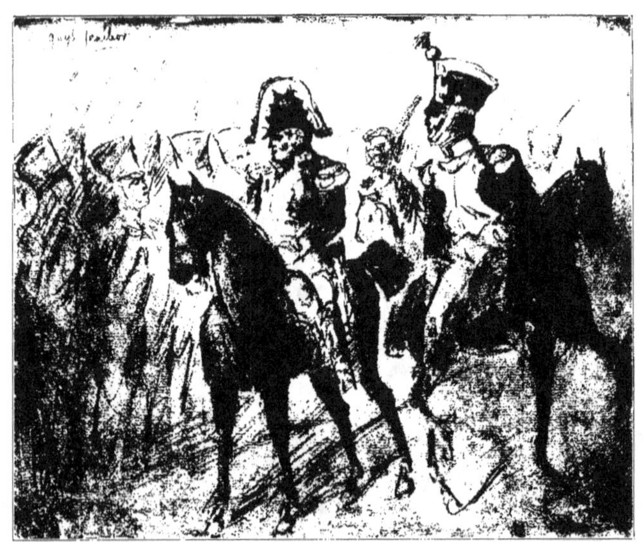

GÉNÉRAUX   GENERÄLE   GENERALS

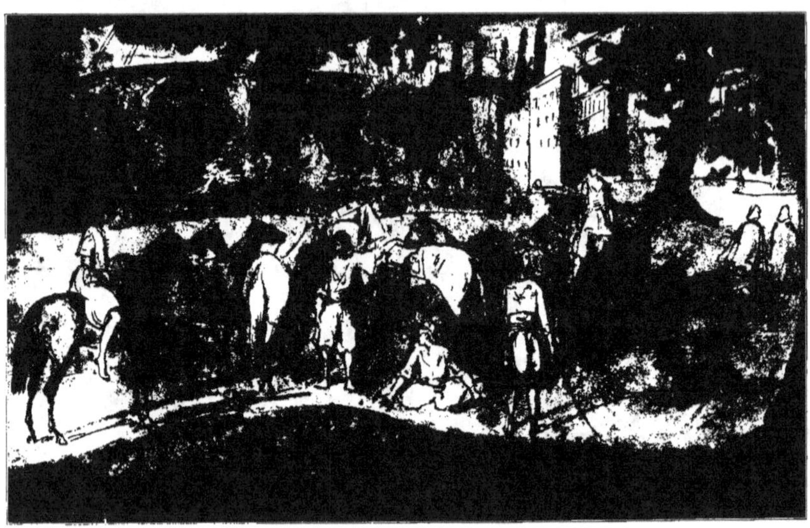

A PÉRA   ZU PERA   AT PERA

Baudelaire nous a conservé la vision de Guys, à l'armée: «Quel est ce cavalier, aux moustaches blanches, d'une physionomie si vivement dessinée qui, la tête relevée a l'air de humer la terrible poésie d'un champ de bataille pendant que son cheval, flairant la terre, cherche son chemin entre les cadavres amoncelés, pieds en l'air, faces crispées dans des attitudes étranges? Au bas du dessin dans un coin ces mots: *«Myself at Inkermann.»*

C'est bien là l'homme qui s'était façonné une âme d'Anglo-Saxon flegmatique et qui avait cependant une apparence de grognard de la vieille garde, rageur, bourru, et héroïque. Ceux qui le rencontraient, sans le connaître, à travers le camp, devaient le prendre pour un officier supérieur anglais, supportant avec naturel les vicissitudes d'une campagne. Il flânait activement, si l'on peut parler ainsi. Toujours il portait dans une poche accessible les armes — un crayon et un bloc-notes et saisissait, au hasard de la rencontre, le fait-divers de la campagne. Sans hâte, mais sans oubli, il notait ainsi inlassablement, le geste héroïque, le repos pittoresque, la vie du troupier, qu'il fût français ou britannique: «Vers le soir, nous apprend encore Baudelaire, le courrier emportait vers Londres les notes et les dessins de M. G ..., et souvent celui-ci confiait ainsi à la poste plus de dix croquis improvisés sur papier pelure, que les graveurs et les abonnés du journal attendaient impatiemment.»

Voici parmi ces œuvres prodigieuses des portraits de généraux, saisis en plein héroïsme — non pas celui de la légende, mais celui du devoir fastidieux, dans l'exercice de la rude tâche, à l'heure des responsabilités. Le canon gronde. La mitraille zèbre le paysage. La mort rôde autour des escadrons. Les masses s'engouffrent dans l'abîme, insouciantes, ignorantes de leur force, de leur mission précise, de leur rôle. Là, sur un petit monticule, sur un mamelon, un soldat, massif, gaîné lourdement d'un manteau d'ordonnance, aux lignes nettes, domine un horizon que l'on devine infini par delà le cadre du croquis. Du haut de cet observatoire l'homme, le soldat, surveille la partie qu'il a tentée. Indifférent à tout le reste, au danger, à tout ce qui n'est pas son jeu, il n'a de regards et de pensées que pour le damier — paysage où les pions-soldats sont disposés par ses combinaisons. Entre ses dents, que l'on devine serrées sous la forte moustache, il mâche un cigare. Dans une écharpe attachée à son col pose son bras, blessé au cours du dernier engagement. C'est Canrobert à Inkermann.

Plusieurs collections possèdent des épisodes de cette bataille. Tous sont animés de la même vie. C'est la chevauchée à la mort, la ruée folle des hommes et des bêtes, en fouillis, dans les vallons, parmi les avant-trains, les roues brisées, les canons encloués, les armes gaspillées, les cadavres dans l'attitude suprême, aux uniformes confondus.

Là, c'est la légendaire aventure de Balaklava, l'épisode surhumain de cette guerre, que chanta magnifiquement Tennyson, le poète-lauréat de l'Angleterre alliée:

> *Half a league, half a league,*
> *Half a league onward,*
> *All in the valley of Death*
> *Rode the six hundred.*

C'est une épopée tout entière qui tient sur ce petit papier; il semble hâlé de soleil, noirci de poudre, tout frémissant encore de l'héroïque folie qu'il narra. Je ne sais rien de plus émouvant que ce dessin, dessiné en pleine fournaise, dans la frénésie de l'action. On croirait que le crayon brûla ce jour-là, les doigts de Constantin Guys, comme un canon de fusil échauffé. Jamais peut-être il n'a mieux donné l'impression du vertige qui s'empare des escadrons, roulant irrésistiblement, de toute leur masse aveugle, parmi les cris, la poussière, la sourde cadence des montures, les cliquetis d'armes et de gourmettes, vers ce hasard qui s'appelle la victoire ou la déroute. Cette page, dans l'œuvre de l'artiste, est unique. Elle fait éclater toutes les techniques, semble faite elle-même à coups de sabres, d'héroïsme, d'ivresse. Elle est vraiment la charge d'un génie, se levant vers la gloire, d'instinct.

Puis voici, les lendemains de batailles, les étapes sur la route de la conquête, les marais de la Dobroutcha, la Kersonèse, le Balkan, Sébastopol, les journées de repos, la vie pittoresque du troupier dans les camps, rendu à ces travaux sans gloire qui popularisèrent les œuvres d'Horace Vernet. C'est la «popote» cuisant entre deux pierres, la mar-

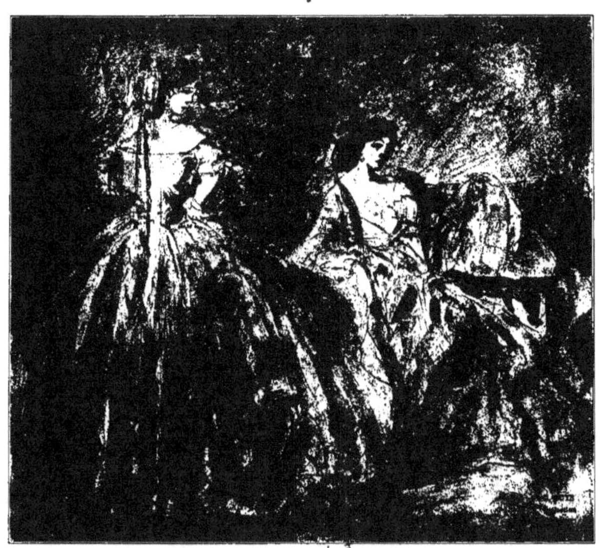

FAR NIENTE

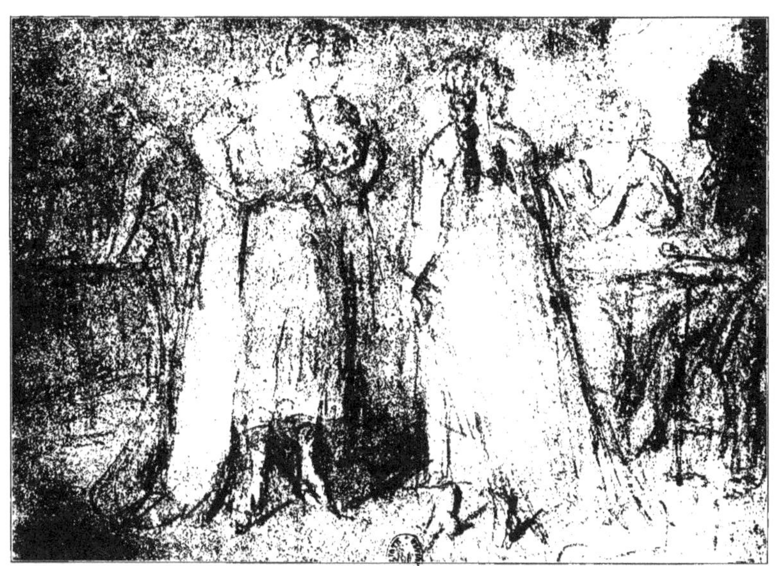

LA TAVERNE   DIE KASCHEMME   THE POT-HOUSE

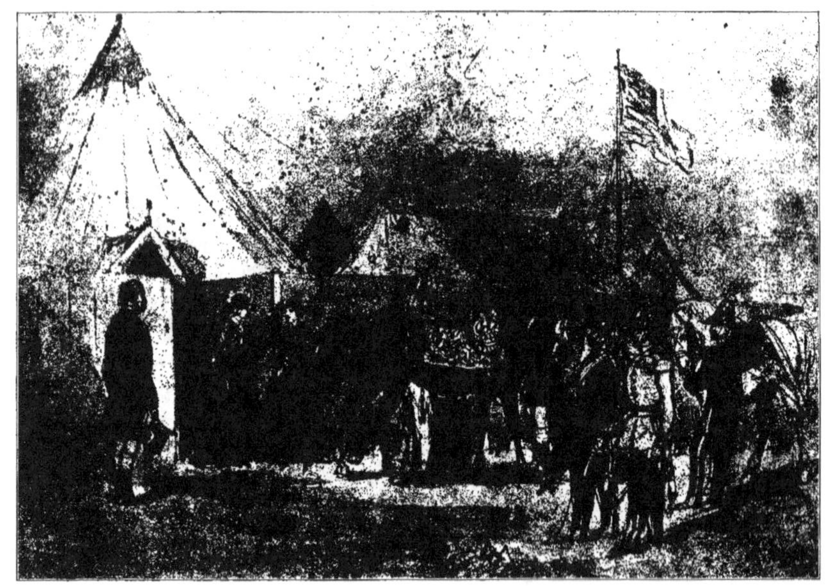

LA REINE   DIE KÖNIGIN   THE QUEEN

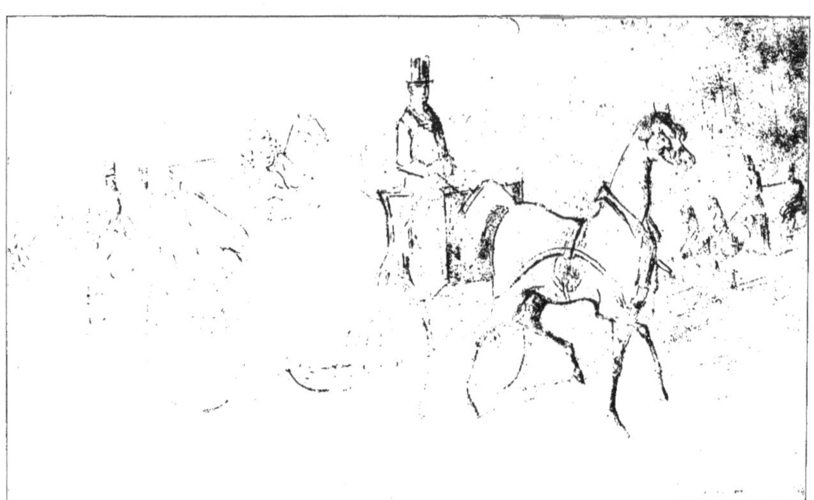

UN ÉQUIPAGE   EINE EQUIPAGE   A CARRIAGE

mite de campagne, mijotant sur le bois, sous l'œil narquois et allumé du vieux chevronné, coiffé du bonnet de police. Il fume avec philosophie son «Jacob», en attendant que la soupe soit à point. La tente se dresse sur le fond; la corvée d'ordinaire passe; sur les pics les bourgerons et les treillis sèchent: on ne croirait pas que ces hommes, nonchalants comme des ménagères bavardes et heureuses, furent les lions de la veille et qu'ils recommenceront tout à l'heure, si le canon tonne à l'improviste.

Plus loin, c'est le campement de l'armée alliée. Guys composa pour son journal un grand nombre de ces scènes qui suscitèrent l'enthousiasme des abonnés des *Illustrated London News*. Des Ecossais, aux jupes mouvantes, reconstituent le «clan» nostalgique des *highlands* sur ce sol ingrat de la conquête. Ici, un voltigeur les regarde d'un œil amusé, stupéfait de ces mœurs patriarcales, si différentes des siennes, là, un officier anglais, charmant et raide, passe au milieu du campement; là encore, c'est le service: un pasteur récite l'office au milieu de ces troupes, oublieuses de l'œuvre de ruine, attendries aux souvenirs de ceux qui ne reverront pas les «moors»... Ce sont là des pages merveilleuses de simplicité et de vie.

Mais il est toute une partie des dessins, composés au cours de cette campagne qu'il faut classer à part. Ce sont ceux qui sont consacrés à la description des ambulances, à l'étape qui suit la bataille. Pour conter ces épisodes douloureux, ces inéluctables rançons de la guerre, il semble que le crayon de Constantin Guys se soit humanisé. Le trait, tout aussi corrosif, se fait cependant de place en place plus enveloppant et dessine doucement, pourrait-on croire, ces pauvres débris humains, à la chair ouverte par l'obus ou par le sabre qui s'en vont sur des cacolets, au pas des mulets de campagne ou sur une monture de hasard. Les poses abandonnées et molles des blessés, cahotés au gré d'une route en mauvais état, révèlent la pitié que ne sait plus dissimuler le flegmatique, volontairement avare de ses émotions. Tout à l'heure indifférent au danger, il allait crânement aux endroits les plus périlleux, chercher ses croquis puisque c'était sur ces points que se trouvaient les sujets les plus intéressants. Il dessinait la bataille et trouvait naturel de voir tomber autour de lui les autres comme il eût pu tomber lui-même ... Mais maintenant, l'exaltation tombée, il se ressaisit et, en relevant les gestes douloureux de toutes les pauvres chairs pantelantes de ses camarades, il n'est pas maître de lui-même au point de dissimuler la pitié qu'il éprouve envers ceux-là qu'a désignés le destin.

Les scènes d'hôpital marquent l'étape suivante. Ce sont des œuvres admirables de tendresse mélancolique, de douloureuse solidarité que celles où le reporter a conté ses visites dans les hôpitaux de Péra qui servaient à l'évacuation des blessés ... Salles blanches et nues, aux clartés brutales que l'on devine emplies de râles, de gémissements, de fièvres et d'agonies. Les petits lits où l'on meurt, où l'homme blessé à jamais, se refait petit enfant entre les mains de celles qui le soignent, s'alignent monotones et sinistres, à peine égayés un instant lorsque passe un visiteur, messager de consolation ou de soulagement. Les grandes cornettes planent dans l'éploiement magnifique de leur lingerie lisse, au-dessus d'un chevet, portant le remède, répétant le généreux mensonge d'espoir, à celui qui mourra dans la nuit. Et Guys, fidèle à sa tâche, fraternel aussi, mêle son encouragement trompeur à celui de la religieuse.

L'on devine son émoi, non seulement à la façon dont sont traitées ces pages mais encore à la légende qu'il donne à l'un d'eux: «My humble Self.» — «Mon humble personne.» Au pied de ces lits de torture, cet ami de Baudelaire, d'une qualité d'âme, par certaines nuances, assez semblable à la sienne sans doute, subit ces pensées, qui marquent à jamais l'âme de l'homme d'une ride douloureuse et lui donnent le sens et le goût de la mort.

De cette campagne, le talent de Guys sortit accru et fortifié! La guerre achevée, il regagna lentement le Nord, s'attardant à croquer, une fois encore, peut-être la dernière, ces mœurs orientales, qui plaisaient à son originalité, à flâner dans les bazars de Stamboul ou aux alentours d'Yldiz-Kioz. Ce voyageur, de la grande race des Bernier,

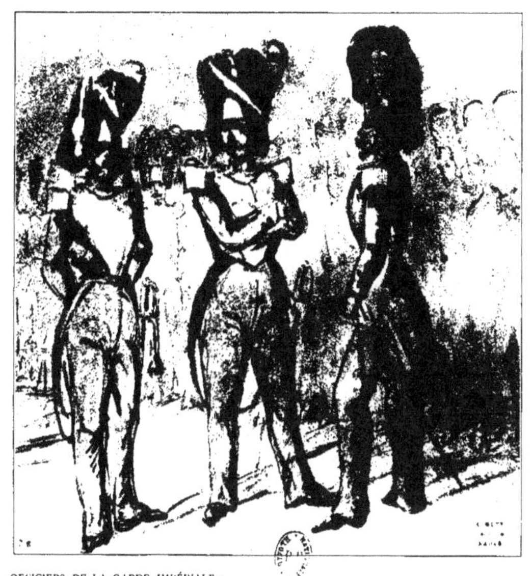

OFFICIERS DE LA GARDE IMPÉRIALE ◦
OFFIZIERE DER KAISERLICHEN GARDE
IMPERIAL GUARD-OFFICERS ◦◦◦◦◦◦

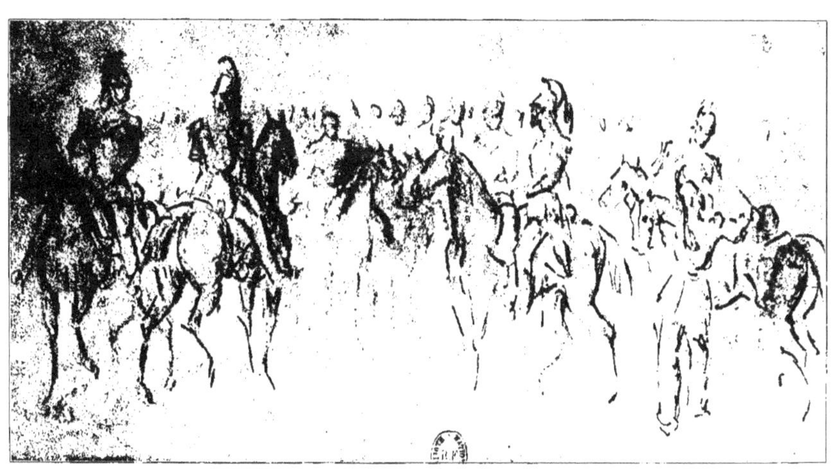

SUR LE TERRAIN DE MANŒUVRES   AUF DEM EXERZIERPLATZ   ON THE EXERCISE FIELD

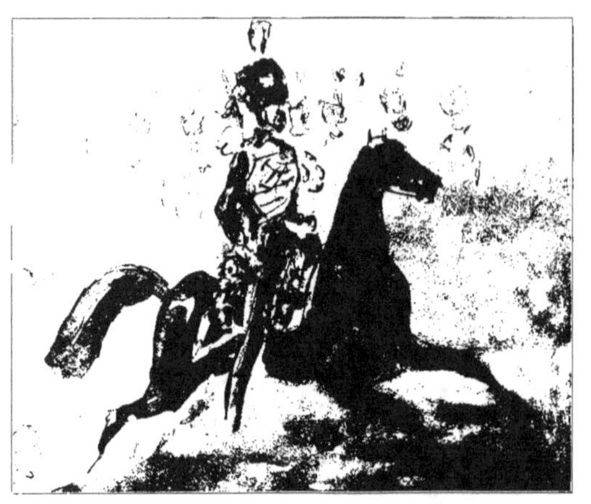

GUIDES

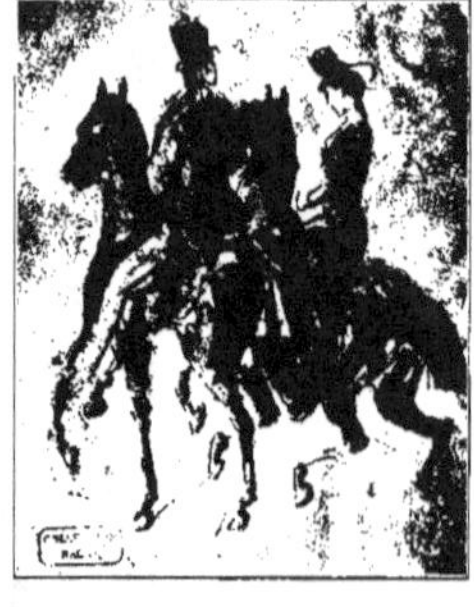

AU BOIS

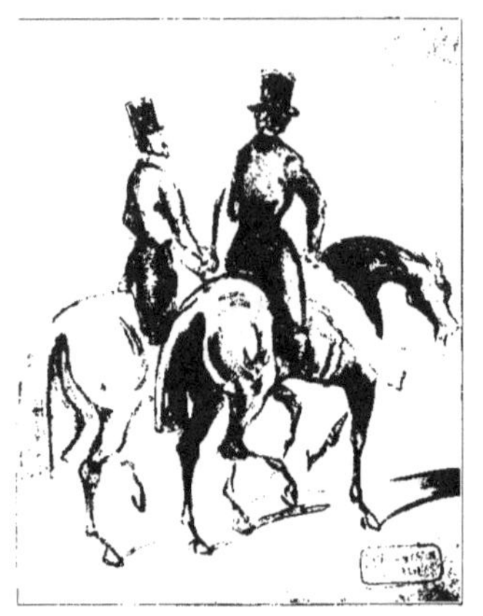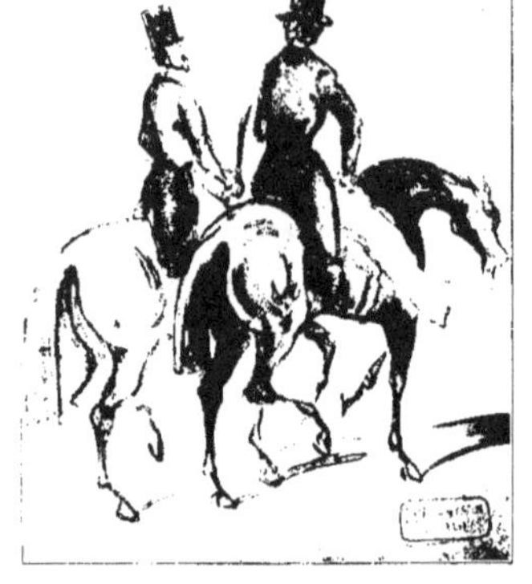

CAVALIERS   REITER   GENTLEMEN-RIDERS

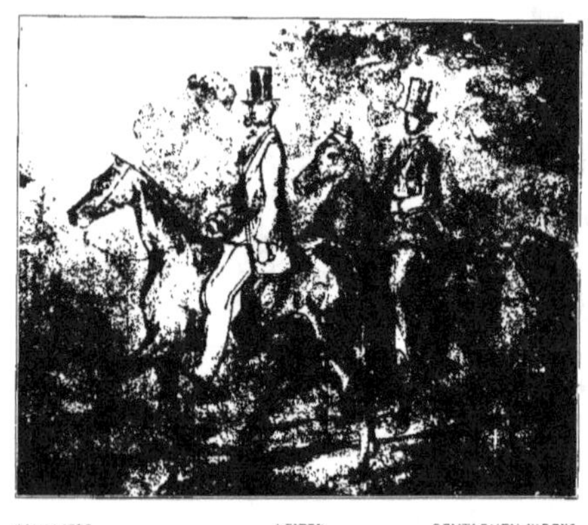

CAVALIERS   REITER   GENTLEMEN-RIDERS

des Tavernier et des Chardin revêtit une âme de pacha, pour vivre la vie de ces peuples musulmans, qu'il aimait depuis longtemps déjà, à cause de leurs vertus paisibles et humaines, et de leurs vices admirables. On eût pu penser qu'il était devenu l'un des fils du Prophète, tant il mettait de vérité et d'exactitude à décire profondément cette vie prodigieuse de l'Islam.

Comme jadis, il avait raconté, au cours de ses premiers voyages, l'existence chaude et close des bouges levantins, des quartiers maudits et cosmopolites, où traîne de manière permanente, l'écume des nations, cette fois il s'attache surtout à la vie mondaine de la Turquie, si curieuse en ce temps, alors qu'elle mêlait à ses vieilles coutumes ancestrales un appétit irraisonné et «snob», de modernisme. Ainsi il crayonne les fastes de la Sublime Porte, les cérémonies, à la fois militaires et religieuses, au cours desquelles apparaît l'image brune et falote, mollement écroulée au fond d'un landau, du successeur du Prophète. Toute une série est ainsi consacrée aux fêtes rituelles du Baïram, qui closent le jeûne de Ramadan. Aucune n'est plus piquante, dans son œuvre, tout en demeurant d'une fidélité documentaire absolue.

◦   ◦
◦

Mais Constantin Guys n'eût pas été l'âme même de son époque si, à l'heure où les clairons joyeux sonnaient aux revues de Longchamps le retour triomphal, il fût demeuré loin de Paris Il rentra.

Sans mandat, sans mission officielle, il devint l'historiographe du régime. Il fut le peintre attitré de toutes les fêtes et, quelque jour, lorsque nous serons tous morts et que l'Empire sera libéré de la censure, délivré de la quarantaine que lui font subir les maîtres de l'heure présente, comme sous une baguette prestigieuse, rien qu'à feuilleter tous ces croquis, l'historien pieux, enamouré de luxe et de galas, pourra restituer la gloire des Tuileries et de Saint-Cloud, dont les ruines elles-mêmes ont péri...

Sous ces petites feuilles, griffonnées d'un croquis nerveux et précis tout ensemble, endiablé et patient tout à la fois, il retrouvera l'âme même de ce temps... Sans effort, il pourra reconstituer l'existence de ces générations, qui s'en sont allées plus vite que les autres, qui sont disparues de la scène du monde avec le régime qui les avait parées, qui leur avait donné de l'éclat et du luxe. L'exquise claustration de la divine comtesse de Castiglione est un parfait symbole mélancolique de cette disparition brusque des figurants et des acteurs du Second Empire.

De tous côtés, à tous les degrés de la société on ne songeait qu'aux plaisirs. Les Tuileries et Compiègne, Sébastopol, Inkermann, Malakoff, comme vos noms sonnaient dans l'air pur des matins de printemps! On vivait frénétiquement, fièvreusement toutes les fêtes, toutes les équipées militaires. C'était le temps des bals masqués, de la politique sentimentale, des indécisions insouciantes, des coups de tête et des plaisirs ... La France avait à sa tête un empereur intelligent, à l'intelligence pervertie par le romantisme politique, une souveraine merveilleusement belle, sans doute calomniée, reproduisant à un peu moins d'un siècle de distance les charmes et les frivolités d'une reine malheureuse. A l'entour, une cour brillante et mêlée, où se rencontraient la plus vieille aristocratie étrangère et les parvenus du régime, des soldats heureux, des Corses, les gens du Coup d'Etat, des *carbonari,* délégués par toutes les «ventes» de l'Europe auprès de l'adepte parvenu. Imperturbable aplomb des Saint-Arnauld, intelligence des Morny, adulation des Persigny, habileté des Haussmann, toute cette foule magnifique, tous ces vices brillants s'évertuaient dans ce décor prestigieux, follement artiste de la cour, se fondaient au milieu des diplomates, des écrivains, des peintres, des jolies femmes, et se paraient de leur beauté ou de leur renom. Gloire des Castiglione, des Waleska, et des Metternich, tourbillon des bals du palais, dandysme des Grammont-Caderousse et des Orsay, équipages des derbys, daumonts des souverains visitant Paris, meutes des chasses impériales, villégiatures, Biarritz et Baden-Baden, ministres étrangers accueillis, congrès aux apparences heureuses, émerveillement des foules flânant sur les boulevards fraîchement percés, soupers et débauches du café Anglais, de Tortoni ou de la Maison Dorée, parisine de Scholl, premières d'Offenbach, travestis des belles filles, chairs admirables d'Hortense Schneider, d'Anna Deslions, de Cora Pearl, vous ne laissiez pas à la France le temps de souffler. Vous mêliez en une parodie charmante, en une opérette spirituelle, tous les luxes, tous les sentiments, toutes les amours, tous les arts et toutes les épopées! Vous entraîniez dans votre ronde fantastique Paris et vous croyiez emporter, dans votre folie, l'Europe entière ...

Un artiste aussi primesautier que Guys ne pouvait échapper à l'ivresse. Le grand enfant, sous son apparence flegmatique, était né pour cette vie artificielle, pour cette fête perpétuelle, pour cette randonnée qui commençait avec l'aube, dans le soleil, la joie des onze heures, au Bois, avec les équipages, les cavaliers et les uniformes et qui finissait, à l'aube suivante, quand la lumière des lustres se ternissait dans l'éclat glacé du jour commençant. De la rue, où il était le témoin fiévreux et anonyme, pauvre et passionné de tous ces luxes, il suivait sans lassitude cette féerie.

Il faut feuilleter, dans les cartons de l'admirable collection Nadar, tous ces croquis, où demeurent à jamais fixés, les souvenirs de la vision émerveillée, qui fut celle de Guys. Ils sont d'une telle beauté, d'une fidélité si parfaite, qu'ils paraissent doués encore de vie. L'art du dessinateur les a animés pour jamais. Un miracle a été réalisé dans ces pages. Une hallucination nous entraîne, nos doigts palpent ces feuilles où tout retrouve son relief, reprend sa place, s'évertue presque. Jamais peut-être avec aussi peu de «matière», on n'a synthétisé aussi parfaitement une époque, légué à l'avenir l'image définitive d'une société, immortalisé une génération.

Il semble que le crayon, aux doigts de Guys, léger, fringant, minutieux et large, ait ramassé des gestes, cueilli des attitudes, qu'il se soit dirigé naturellement, sans hésitation, vers l'expression définitive du modèle. Lorsqu'on s'attarde quelques instants devant l'un de ces dessins à la mine de plomb, devant l'une de ces vignettes à la plume, pâlies par le temps, on croirait voir se détacher tous les plans, les couleurs reparaître une à une d'elles-mêmes: la coloration, en teintes plates, aux nuances si personnelles qu'il a parfois ajoutée, semble, malgré la grâce surannée de ses effets, superflue. Le seul dessin exprime, dans sa rapidité, son instantanéité, tout ce qu'il avait de vie dans le décor frémissant, l'entrain des bêtes et des personnages, le mouvement des choses et de la foule elle-même.

□ □
□

Cette œuvre demeure très particulière. La vision de l'univers qui était celle de Guys, fut en somme restreinte et étroite. Sans monotonie, elle se répète indéfiniment. Ce sont toujours les mêmes sujets, ceux qui pouvaient intéresser l'âme de ce soldat qui fut sans doute, comme l'a appelé justement Baudelaire, «un soldat artiste», mais qui n'en resta pas moins toute sa vie un soldat.

Il en avait les goûts, les passions, les rêves. Il peignit la guerre et là, sur ce chemin où tout est grave et imprévu, il rencontra parfois l'inspiration admirable qui le grandit presque en dépit de lui-même. Le jour où il peignit le convoi des blessés, dans les Balkans, dominé par ce vol sinistre et tournoyant des corbeaux, il accomplit une œuvre admirable, puissante et large. Il quitta l'anecdote et atteignit au plus grand art. Mais, le plus souvent, n'étant plus entraîné par le sujet, il fut fidèle à sa nature un peu fruste. Il reproduisit les choses, les sujets qui flattaient son regard ou, pour mieux dire, tous ses sens. C'est en effet la caractéristique de son œuvre, d'être, malgré l'élégance un peu sèche du trait, essentiellement sensuelle, et même grossière d'inspiration.

Une odeur lourde et piquante de crottin, de fards, de poudre de riz, monte de tous ces dessins. Guys aima les soldats, les chevaux et les filles. Quelques années, la guerre lui permit de peindre la vie des camps et des champs de bataille. Puis, rendu pour ainsi dire à la non activité, après la campagne de Crimée, passionnément, mieux même, comme un maniaque, il dessina inlassablement des chevaux, des cavaliers militaires ou civils, des équipages-et puis des femmes, toutes sortes de femmes, celles du moins qu'il pouvait étudier aisément, depuis la courtisane achalandée, se mêlant aux diverses aristocraties, appartenant presque à la société, par les hommes qu'elle fréquente, jusqu'à la pierreuse et la fille de maison, depuis la Paiva jusqu'à la fille Elisa ...

□ □
□

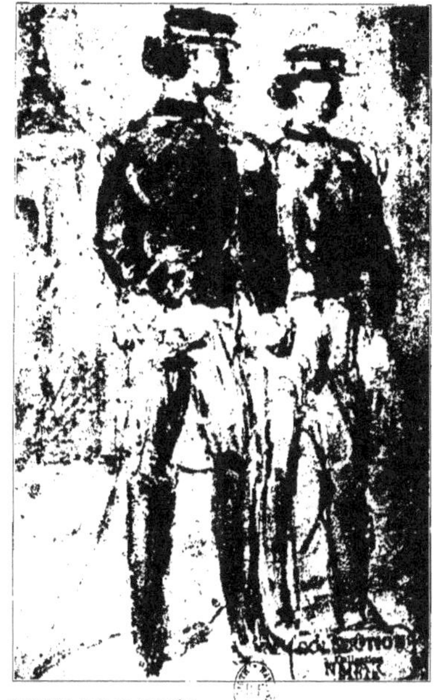

OFFICIERS ANGLAIS (CRIMÉE)
ENGLISCHE OFFIZIERE (KRIM)
ENGLISH OFFICERS (CRIMEA)

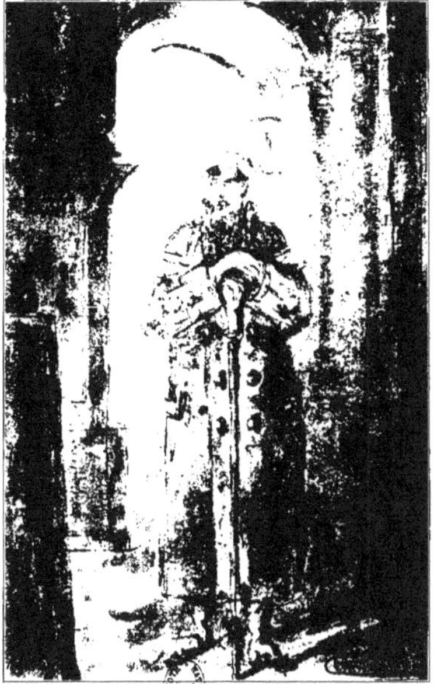

SUISSE À LA PORTE D'UNE ÉGLISE (NAPLES) ◦ ◦ ◦ ◦
KIRCHENDIENER AN DEM KIRCHENPORTAL (NEAPEL)
BEADLE AT THE CHURCH DOOR (NAPLES) ◦ ◦ ◦ ◦ ◦ ◦

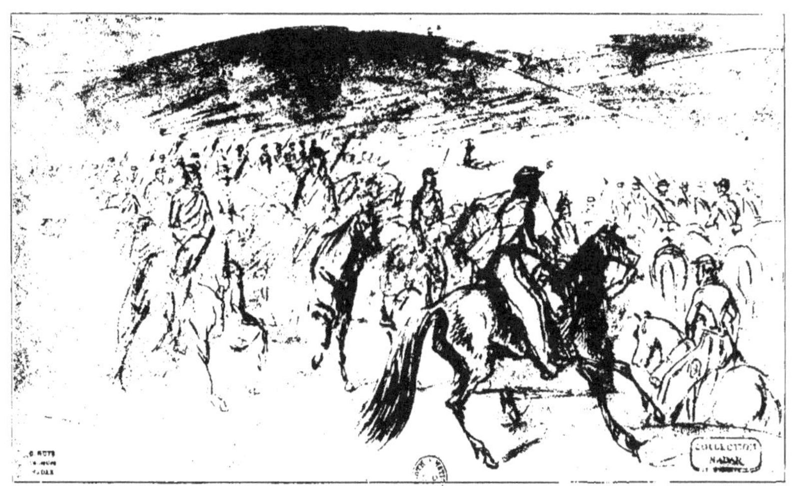

CHASSEURS D'AFRIQUE.

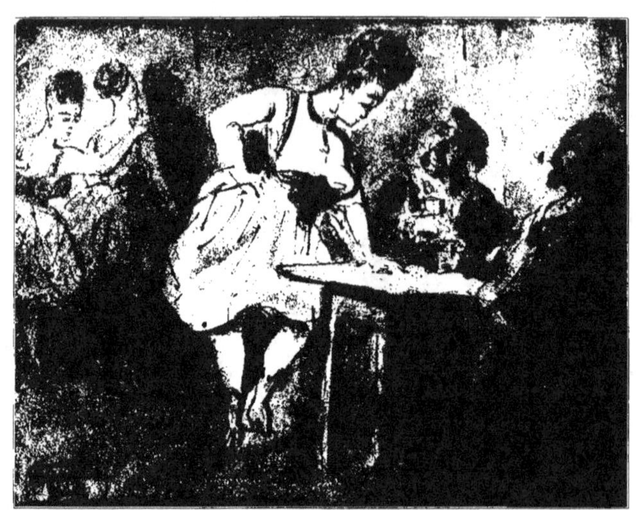

UN BOUGE DANS UN PORT   KASCHEMME IN EINEM HAFEN   LOW DEN IN A SEA PORT

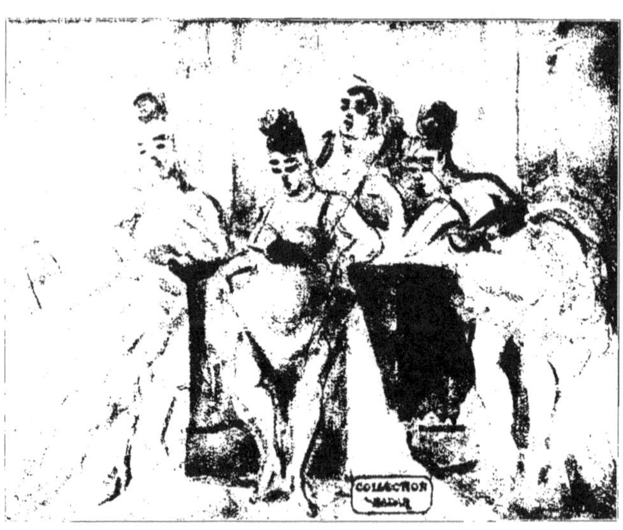

AU SALON   IM EMPFANGSZIMMER   IN THE PARLOR

Le temps que Guys avait passé, dans les dragons, à l'armée, lui avait donné une connaissance technique du cheval que peu de peintres ont possédée. Grâce à la familiarité de cette fréquentation quotidienne, aux soins que «le règlement» lui imposait envers sa monture, jusqu'à l'écurie inclusivement, grâce aussi à cette tendresse orgueilleuse que ressentent souvent les écuyers, à l'égard de l'alezan, compagnon et ami, il avait appris à connaître la bête, du sabot jusqu'à la croupe. Bien mieux même, Guys l'unissait, pour sa part, dans son cœur et dans sa pensée à toutes les images magnifiques de gloire et de luxe, qui composaient le rêve de sa vie. Ce fut donc, tout naturellement, que, le jour où ses enthousiasmes, ses visions d'héroïsme et de beauté cherchèrent leur expression par le dessin, naquirent sous son crayon des formes équestres.

La guerre de Crimée satisfait l'un de ces instincts. Reprenons la série de *l'Illustrated London News*. Voici le cheval qui fait partie des effectifs. Il est, pour ainsi dire, un soldat lui-même, ayant sa nationalité morale. Il participe des volontés et des haines humaines. Le pinceau de Guys, décrivant la charge de Balaklava, a immortalisé cette beauté de la monture de guerre, pour qui les rênes sont inutiles. D'elle-même, sous le poids très lourd de son maître, elle se rue à la mort, bondit, joyeusement et frénétiquement, dans le gouffre de l'inconnu. Galop pesant et grave, si puissamment figuré par l'artiste, que l'on croit entendre le rythme des sabots sourdement répercuté à l'infini. Les naseaux palpitent. L'écume de la rage festonne d'une dentelle héroïque l'acier des mors. Le poitrail large paraît s'élargir encore, pour semer l'épouvante devant soi, pour creuser le vide, devant l'avalanche irrésistible. Les jarrets, les canons, les paturons sont sculptés finement et robustement tout ensemble. On les devine habitués à ces courses folles qui entraînent plus loin qu'il n'est nécessaire, dans la griserie de l'action... Dessin si puissant, si vrai, si vivant, qu'il crée la vision et le symbole. A force de le regarder, on finit par confondre le cheval, le harnachement, le cavalier, les armes en une seule masse, magnifique et terrifiante, douée d'une vie unique, destinée au même triomphe ou à la même agonie, dans un seul flot de sang confondu ...

Maintenant, la guerre achevée par la victoire, apparaissent les cavaleries de gala, celles des triomphes militaires. Le cheval du Cent-Garde s'amuse à caracoler, sous les yeux du spectateur émerveillé. L'encre étalée pour peindre la robe, semble puisée à même d'un encrier magique, tant l'on devine le lustre que lui a donné l'étrille soigneuse. Finement musclée, la bête valse, volte, se cabre, rase la foule, s'excite elle-même, se grise, taquine le camarade qui la monte. Elle maintient l'ordre avec malice et bonhomie. Toujours elle paraît prête à écraser le badaud et n'en fait rien. Elle prend du sérieux seulement au passage des souverains — et même alors, elle risque parfois un écart bien réussi — comme pour se faire valoir. A l'infini, Guys s'est plu à saisir les innombrables mouvements du «cheval militaire», rendu au service des places et se livrant, pour ainsi dire aux fantaisies de l'inaction — afin de se désennuyer.

La transition s'établit — lorsque l'on feuillette les œuvres de l'artiste et que l'on essaie de les classer par séries — avec les escortes qui encadrent les cortèges impériaux, qui sertissent de majesté et d'apparat les carrosses souverains, au retour des revues, des derbys, des fêtes populaires. Voici les cavaleries brillantes et protocolaires, scintillantes des éclairs de l'acier et des reflets du cuir vernis. Les pelages luisent. Les uniformes, chamarrés et clairs, se confondent en une foule, qui défile au galop des pur-sang. Chevaux des piqueurs galonnés, menant le train, chevaux des Guides et de la Garde courant aux portières, attelages à la Daumont, toute cette cavalcade, même fixée par le dessin de Guys, semble encore emportée dans le vertige de sa course orgueilleuse. On a l'impression qu'elle va s'évanouir, qu'on ne l'aperçoit qu'une seconde, à travers les flots de poussière, l'enveloppant d'un nuage olympien. Jamais l'instantanéité implacable de la photographie ne rendra plus exactement, plus fidèlement, un mouvement surpris dans son exécution naturelle. Pas une ligne n'est figée. L'amble qui s'accomplit est noté en chemin. Le cavalier, soulevé de dessus sa selle par le galop, est saisi en un plein bond, que l'on sent égal et rythmique.

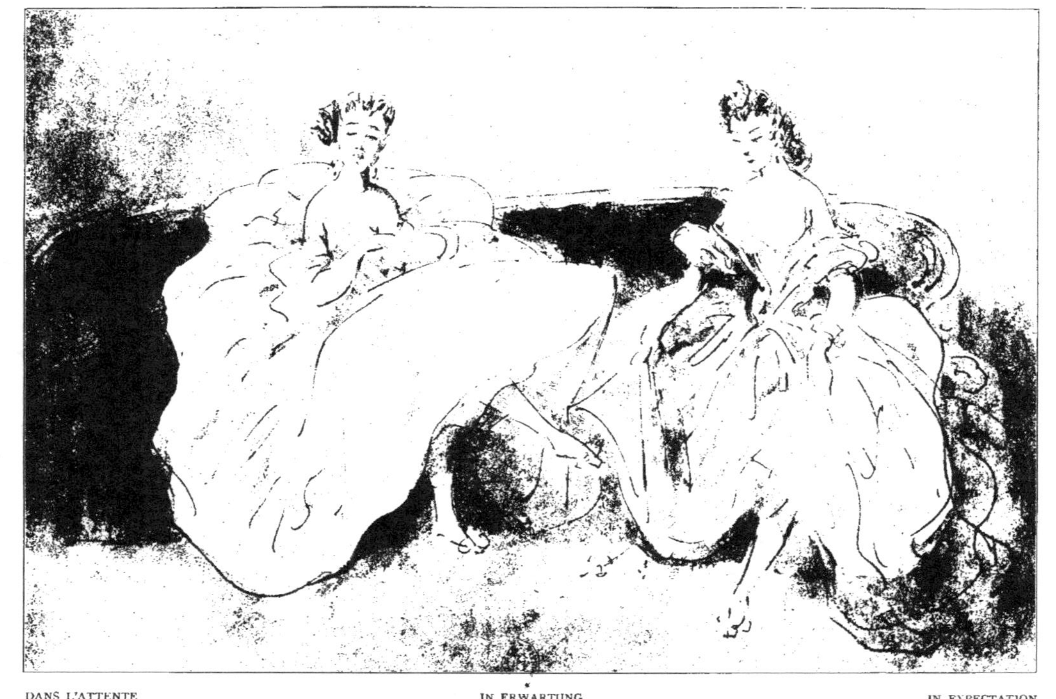

DANS L'ATTENTE   IN ERWARTUNG   IN EXPECTATION

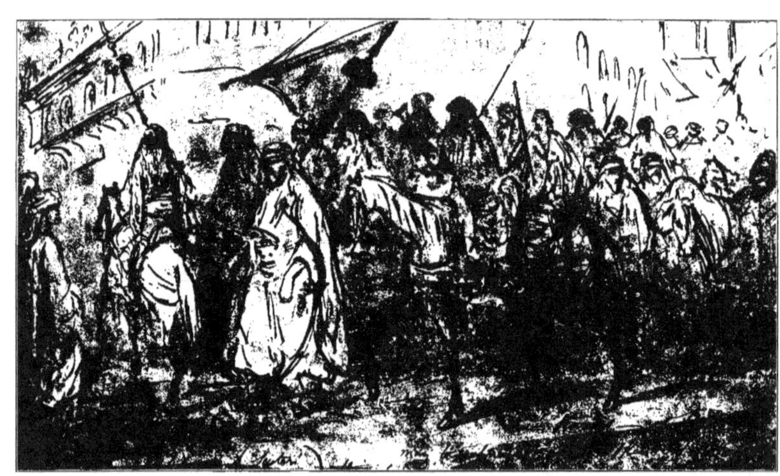

CAVALIERS KURDES À SCUTARI   KURDISCHE REITER ZU SKUTARI   KURDE RIDERS AT SCUTARI

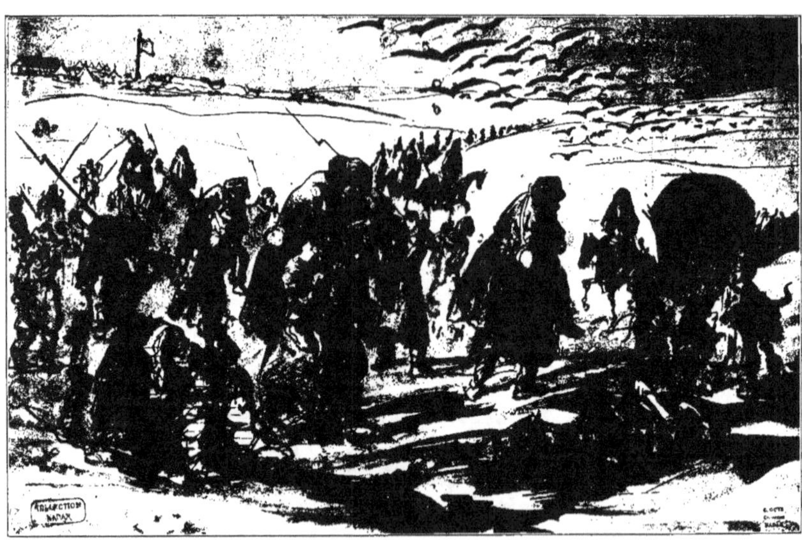

EN RETRAITE   AUF DEM RÜCKMARSCH   RETREATING
SOUVENIR DE CRIMÉE   ERINNERUNG AUS DER KRIM   IN MEMORY OF CRIMEA

La figure du souverain forme d'elle-même le centre de cette œuvre. Napoléon III, le mélancolique empereur de la tragique aventure, énigmatique et falot, apparaît, de place en place comme une statue mystérieuse, présidant aux guerres et aux fêtes. Malgré sa nonchalance et son inertie, il est le suprême metteur en scène. Presque en dépit de lui-même il anime tout. Sa volonté, si faible soit-elle, presciente peut-être de l'avenir, préférerait moins d'apparats et de folies, et cependant il ne peut se dérober.

Le crayon de Guys a saisi, dans sa ressemblance physique et morale, si l'on peut dire, l'empereur. Il l'a situé, très précisément, présidant avec absence aux défilês, aux représentations de gala, aux réceptions diplomatiques, à tous ces devoirs de sa fonction, où se déployaient le luxe et la grandeur militaire. Aujourd'hui même, ce croquis nous paraît le plus exact de tous: le souverain a l'air d'un banquier, à réputation mondiale, qui donnerait une fête, malgré la certitude de la banqueroute prochaine.

A cheval, dans une loge, en voiture, il est là, en grand uniforme, inquiet et inquiétant, dominant la foule, au milieu de sa cour, de ses soldats, des princes étrangers, des courtisanes. Cette silhouette, qui reparaît de temps à autre, dans l'œuvre de Guys, cruelle en dépit de l'intention, éclaire d'un jour sinistre l'équivoque, la gageure de cette société, fondée sur cette puissance fragile. Pendant que le pauvre homme, intelligent et bon, miné par l'angoisse et la maladie, agonise, les insouciants valsent autour du fantôme. Les appétits à jamais inassouvis, s'aiguisent. «Les façades» du régime illuminent. Le tourbillon accélère la fiévreuse inconscience. Grâce aux nobles victoires, hélas! à la Pyrrhus de nos troupes, les oisifs, les ambitieux et les filles mènent la danse ...

▫   ▫
▫

Ils mènent la danse, ils usent leur vie, leur ennui de toutes les manières. Comme il arrive sous tous les régimes où l'on s'amuse, ce sont les hautes classes et c'est le peuple qui s'entendent pour accélérer le mouvement. Le vice se tient alors surtout aux sommets et dans

42

les bas-fonds de la société. Il y a, en dépit de l'apparence première, une étroite corrélation, une dépendance de cause à effet, entre ces deux débauches.

Toutes deux aussi s'étalent volontiers, la pudeur ou l'hypocrisie, suivant le point de vue, sont des vertus ou des vices bourgeois. Le grand seigneur ne daigne pas se cacher, le bas peuple dit: «A quoi bon?». Ainsi tous deux livrent leur vie désordonnée au regard du public, et la découvrent volontiers, en ses épisodes, jusque dans la rue ...

La curiosité et la pauvreté de Guys glanent, dans ce relâchement des mœurs, dans ce débraillé, la plus superbe moisson que pouvait rêver un artiste sans fortune. La rue devient son domaine, son atelier, lui fournit ses modèles, réalise par la vision concrète, ses rêves, lui permet de jouir au moins par le regard qu'il avait aigu et ingénu tout ensemble, de ces merveilles. Lui qui adore les chevaux, qui est un cavalier de première force, trop pauvre cependant pour satisfaire sa passion, rien qu'à flâner dans les endroits à la mode, au Bois, sur les voies qui mènent à Saint-Cloud, il croise les équipages les plus faits pour tenter son art.

C'est le temps des écuries légendaires: les vieux lions et les dandys récents rivalisent à qui possédera les plus beaux chevaux de selle, les cracks les plus sûrs de triompher sur les hippodromes, les paires les mieux assorties pour les différentes voitures. Le matin, dans les allées cavalières du bois de Boulogne, Guys peut apprécier les belles montes, les bêtes de prix, les selleries luxueuses. Comme un vieux maître de manège, il suit les progrès des uns, la décadence parfois aussi de cet art qui lui est si cher. Et puis, en dépit de tous, sans penser — par suite de quels atavismes ou de quel luxe ancien? nous ne le saurons jamais, vraisemblablement — il trompe ainsi sa soif de pareilles élégances, à contempler celles qui défilent devant lui. Au milieu de tous ces jeunes gens désœuvrés, qui viennent faire des grâces, dans ce lieu à la mode, de ces personnages illustres qui se distraient de leurs soucis, en venant galoper une heure, de ces vieux beaux sigisbés, de moqueuses amazones, il ne se sent ni dépaysé, ni aigri. D'un œil ami, il regarde ces heureux, qui procurent de la joie à son regard et des sujets à son dessin.

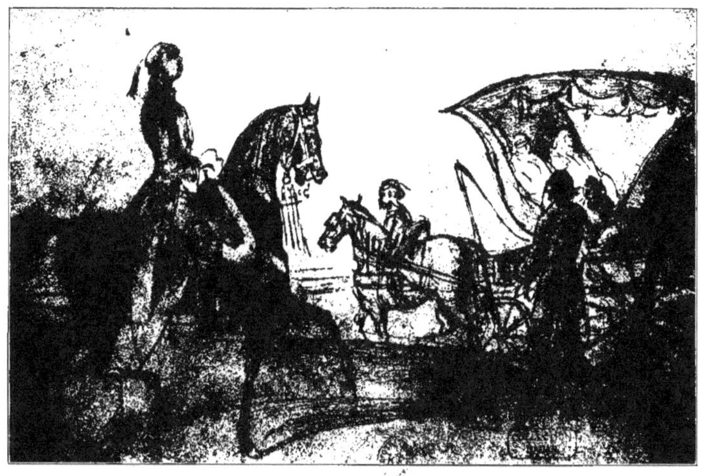

UNE VOITURE À CONSTANTINOPLE   EINE KUTSCHE IN KONSTANTINOPEL   A CARRIAGE AT CONSTANTINOPLE

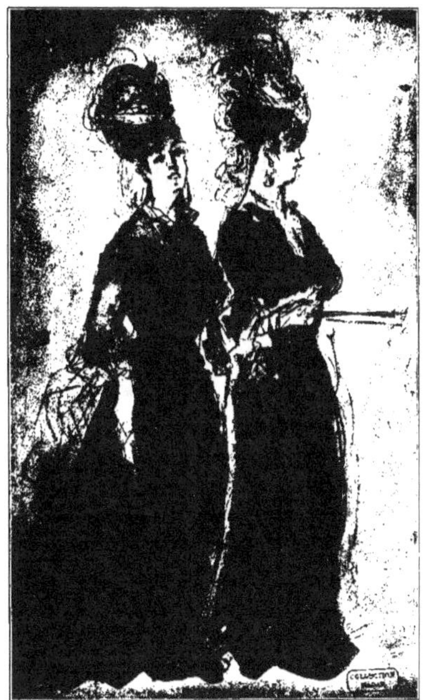

SUR LE BOULEVARD • •
AUF DEN BOULEVARDS
ON THE BOULEVARDS •

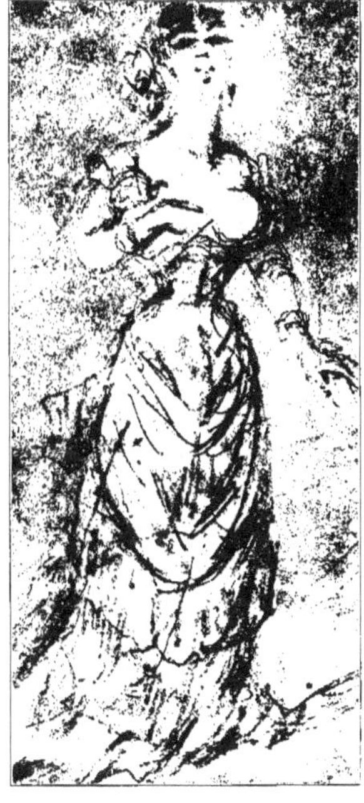

CHANTEUSE
SÄNGERIN •
SINGER • •

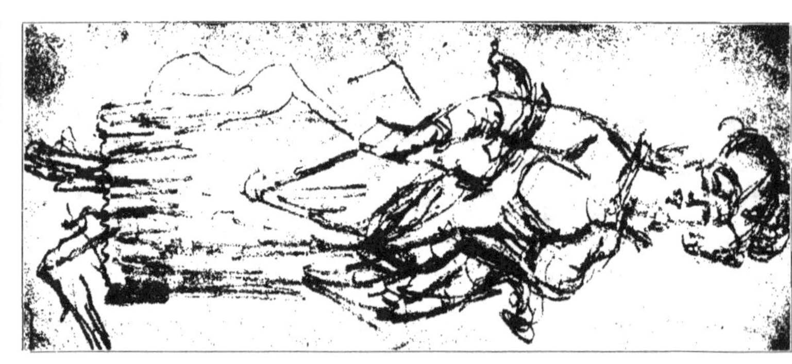

« SUR LE TROTTOIR »
AUF DEM TROTTOIR
ON THE SIDEWALK

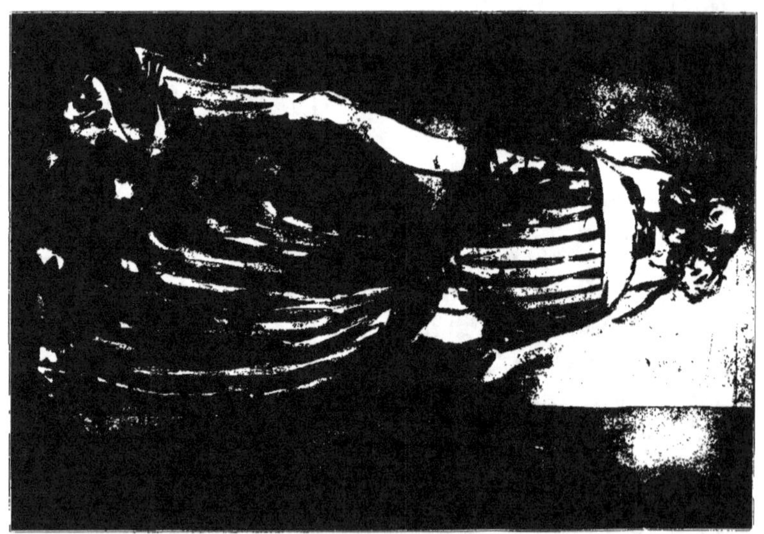

« SUR LE TROTTOIR »
AUF DEM TROTTOIR
ON THE SIDEWALK

Mais l'après-midi surtout, il vit sa vie entière et sans regrets. Pauvre Guys! Je le vois, habillé de la redingote classique du vieil officier, luisante et propre, le revers large, taillé pour faire ressortir l'écarlate d'un ruban glorieux, sanglé, cravaté haut. Le poil blanchi saille sous le haut de forme. Il tient à la main une canne qui pourrait être à la rigueur une cravache. Campé dans une allée, indifférent aux éclaboussures ou à la poussière, il concentre toute la vitalité de son être dans le regard qu'il attache aux équipages qui défilent.

Toute une société passe devant ses yeux. C'est d'abord le gandin qui reparaît, celui qu'on appelle l'homme-cheval, et qui s'enorgueillit de ce surnom. Dans les allées carrossables, il vient cueillir le potin, qui alimentera sa conversation toute la soirée, au cercle, au théâtre, à souper. Du haut de sa bête fringante il a quelque peu l'air d'un monstre. Le haut du corps tout en longueur, chapeau haut de forme à bords étroits, la jaquette sanglée, corseté comme une guêpe, il s'élargit démesurément à partir de l'assiette. A hauteur du piéton, on dirait que le frêle pur-sang supporte un éléphant, tant les jambes du pantalon sont volumineuses. Vraie mouche de tous ces coches de tous les styles qui, au pas, au trot, au galop, parcourent la promenade, il fait l'empressé et se montre impertinent, derrière le monocle à large ruban, la lèvre suffisante dans le cadre des favoris à l'autrichienne.

Voici les femmes, en effet, *les lionnes,* celles qui ont accès à la cour et les autres, celles qui règnent sur Paris. Le dandy s'ébroue, caracole, lance des œillades — et le dessin de Guys participe à cette émotion légère, car il est, lui aussi, piéton modeste, un véritable dandy, aussi *snob* — comme dirait son ami Thackeray — que ses frivoles contemporains. Il n'a pas, malgré la cinquantaine passée, sa pauvreté, le caractère plus rassis que tous ces jeunes gens; dans sa poitrine bat toujours le cœur qu'il avait au temps où il tenait garnison. Et tout son être s'émeut, admire, s'enthousiasme. Il a la fièvre, malgré son flegme apparent, et sa mémoire gardera ce frisson, qu'il fera passer sur le papier. De quel œil, sensuel et ardent, il suit la frêle araignée, la tumultueuse calèche, la dorsay moelleuse, le léger phaéton, l'insolent tilbury, la profonde et somptueuse victoria!

Toutes celles qui se dressent en petits chapeaux, garçonnières, sur les sièges élevés ou qui se confient, nonchalantes, aux coussins profonds, captent son émotion. Qu'importe leur beauté, leur grand air, leur sourire? Guys ne demande à ces visions, que de réaliser, derrière leurs fards, ce mirage de luxe et d'élégance qui le poursuit même lorsqu'il ferme les yeux... Parmi les cachemires violents, les châles éclatants, les crinolines rebelles, les satins glacés aux couleurs sourdes, les rubans fous qui s'envolent sous le vent, au galop de l'équipage, les mousselines pâles, les chantillys mousseux qui siéent aux beautés blondes, il perd son regard, il enfouit tout son être, il s'oublie dans l'extase voluptueuse et le ravissement artistique. Il oublie tout, et son âge et sa misère et sa vie douloureuse. Il ne faut pas s'y tromper, en effet: ce merveilleux dessinateur qui, inlassablement, meuble sa mémoire de tous ces spectacles, qui les répétera jusqu'à la fin mêlés à d'autres, pénibles et plus vrais peut-être, jusqu'à sa mort est un maniaque de ce luxe. Il se bâtit, à leur ombre, des «paradis artificiels», où il se réfugiera toujours. Il trompe ses appétits, en dessinant, d'instinct, leurs représentations sans souci de la gloire qui donne la pérennité. Et indifférent aux jugements critiques, par l'illusion qu'il crée, il se fait à ses propres yeux, l'égal de tous ces heureux qui, par l'argent et la jeunesse, possèdent l'amour ou tout au moins le corps de ces femmes.

◦ ◦
◦

La guerre arrive. Il est trop vieux pour prendre du service. Le soldat et le reporter sont morts en lui. L'Empire croule. La société qu'il avait rassemblée s'envole aux quatre coins de l'Europe. La France, courbaturée, endolorie qui se relève après huit mois d'hostilités, est changée. Fini Offenbach; les Tuileries, Saint-Cloud sont brûlés. Les vieilles troupes de Crimée sont mortes ou souffrent dans les casemates de la Prusse.

Le bonhomme Guys, qui a soixante-cinq ans, qui a «porté beau» jusque là, change aussi. La vie ne lui avait pas donné la gloire. Il n'avait de foyer que la rue et elle lui paraissait aussi belle que les plus beaux palais. Il n'avait pas d'argent, pas de femmes, rien, mais

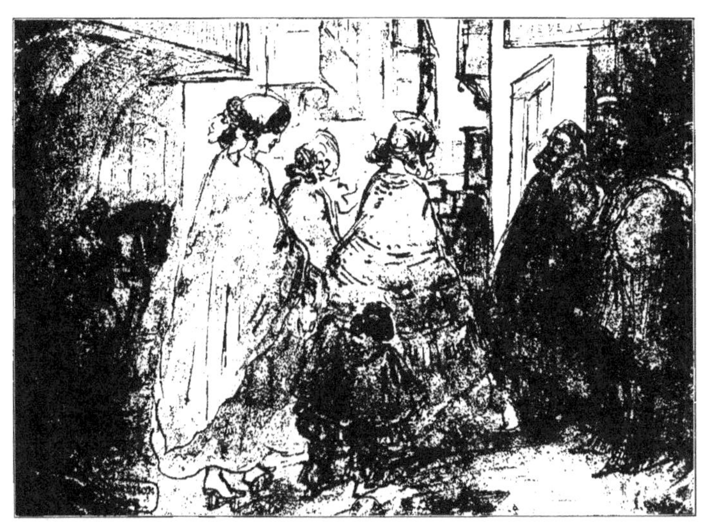

EN ORIENT   IM MORGENLAND   IN ORIENT

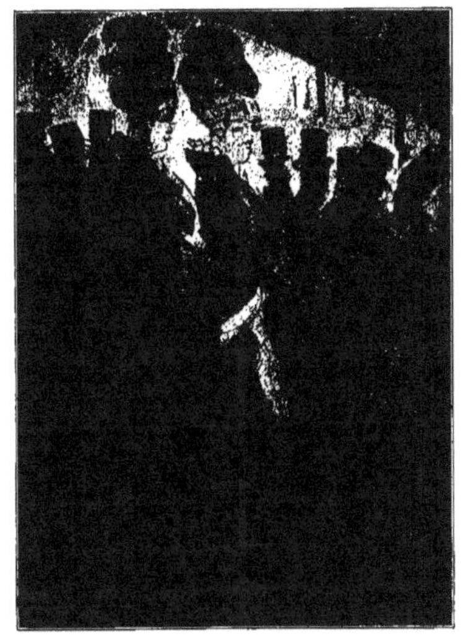

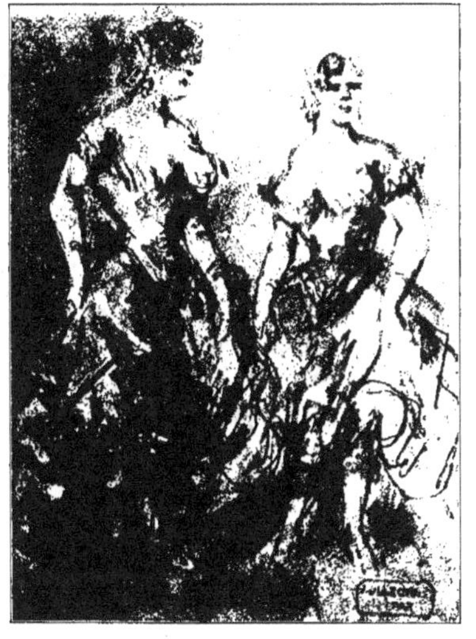

AU CONCERT   IM MUSARD-   AT THE
MUSARD   KONZERT   MUSARD CONCERT

FILLES   DIRNEN   PROSTITUTES

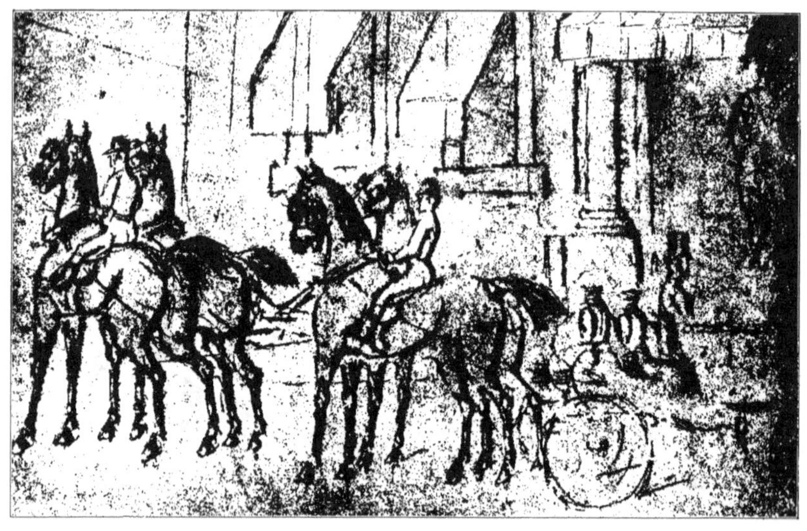

A LA DAUMONT

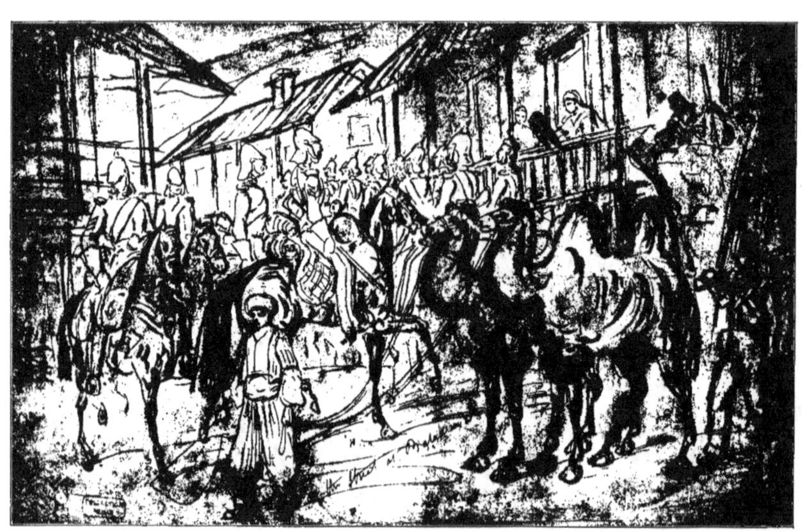

UNE RUE À BALAKLAVA   EINE STRASSE ZU BALAKLAWA   A STREET IN BALAKLAWA

il satisfaisait toutes ses passions, sans bruit, rien qu'à contempler le luxe des autres et les filles merveilleuses, exhaussées par la folie du régime. Du jour au lendemain, toute cette pauvre joie lui manque et de cette fête ancienne, il ne retrouvera plus désormais de souvenir qu'au panorama de sa mémoire. Il est écrasé par la faillite de l'Empire.

C'est ici que commence cette dernière période de son existence et de son œuvre, tout à la fois misérable et prodigieuse. Hanté par l'image de la femme, il ne s'accommode pas du temps nouveau. Il méprise les modes du jour: il dédaigne les beautés survenues. Et cependant, il sent encore la morsure de la débauche sur ses reins. Il lui faut vivre parmi les femmes et dans sa pauvreté, de déchéance en déchéance, il roule aux bouges, aux brasseries de femmes, où l'on boit la «verdoyante» — c'est le nom qu'il donnait à l'absinthe —, aux maisons closes des faubourgs et des boulevards extérieurs ... Seul demeure en lui le sentiment instinctif, génialement mécanique, si l'on ose dire, de son art: c'est le Verlaine du crayon. Il faut avoir vu le portrait que Manet lui consacra, pour comprendre la fraternité sénile de ces deux grands enfants admirables ...

De la plume, de cette plume qui tremble à peine entre ses mains tremblantes, il décrit de manière touchante, presque caressante, toute la turpitude de ces bas-fonds humains. Et l'ironie vaut d'être notée, il le fait sans succès, vendant deux sous souvent, l'un de ces croquis d'enfer, au temps où *Nana, l'Assommoir, Germinie Lacerteux, La Maison Tellier, Chair molle* assurent à leurs auteurs la renommée ...

Triste confession que ces derniers dessins, jetés par milliers dans l'excitation inassouvie du pauvre homme! Souvent, le soir, aux temps glorieux il allait écouter la musique, dont il raffolait, dans les bals publics, à Mabille, à la Reine Blanche, chez Markowski ou au Prado. Il aimait tout ce mouvement endiablé, les gestes gracieux de la valse, les déhanchements du cancan que dansait Clodoche, avec les *cancaneuses* célèbres, avec Alice la Provençale, avec Finette, avec Rosalba-Cancan, avec Nini-Belles-Dents. Indulgemment il contemplait la promenade des lorettes, cherchant l'occasion. Jules Troubat me contait, un jour, qu'en 1865, Guys venait tous les soirs de concert au Casino Cadet — situé sur l'emplacement du Grand Orient actuel — et se plaisait à écouter la musique, assis sur une banquette dans le fond. De là il suivait et le rythme des notes et celui des promeneuses, qu'il a si souvent figurées, flânant deux à deux. A cette époque, il regardait ces filles avec quelque supériorité amusée. Après la guerre, les bals publics sont le dernier luxe de sa vie et les oripaux de ces grisettes, en rupture d'atelier, la dernière élégance qui le console. Les gestes sensuels et lascifs de ces femmes, découvrant un peu de linge, une jarretière, un rien de peau l'attirent comme l'ultime caresse, le suprême sourire de la passion...

Mais le désir ne s'arrête pas à la beauté. Voici les pires confessions de l'agonie d'un rêve: planches sinistres qui, de jour en jour, marquent les étapes de cette fin. C'est maintenant la pierreuse des faubourgs, en cheveux, portant l'uniforme infamant; le tablier noir qu'elle carre de ses mains, insolemment enfoncées dans les poches, celle qui rode dans l'ombre, entre deux réverbères, le visage enluminé de fard de plomb, l'accroche-cœur gras au coin de la tempe, ayant bu toute honte. C'est celle-ci encore, accoudée au comptoir de zinc d'un bar sordide. Elle a la lèvre mauvaise, effilée pour l'injure, bestiale, insolente, l'œil luisant sous le kohl. Un verre de vin bleu devant elle, elle surveille son souteneur en casquette, qui joue aux cartes, attablé tout à côté. C'est la fille de brasserie qui vient s'asseoir sur les genoux du malheureux égaré dans cette géhenne. Elle lui entoure le cou de ses gros bras, aux attaches lourdes, et pour l'aguicher, elle a soulevé sa jupe, découvrant un mollet trop fort au bas rayé. C'est enfin la maison sinistre à lanterne rouge, lupanar de barrière, où le plaisir se prend pour quelques sous à peine. Les canapés de reps, tachés et défoncés supportent des chairs cauchemardantes, flasques, molles, offertes à travers le peignoir baillant, malgré la chemise débordée par les seins, courte et transparente... Ici, comme attaché à l'ascension d'un calvaire, Guys note toutes les étapes de la luxure crapuleuse; il retrace la lascivité des gestes, l'abandon dans la débauche, toute cette:

Tristezza atroce della carne immonda,

dont parle d'Annunzio. C'est le vertige de la chair, s'abimant dans la misère et l'impénitence finale... C'est aussi l'œuvre admirable et pour

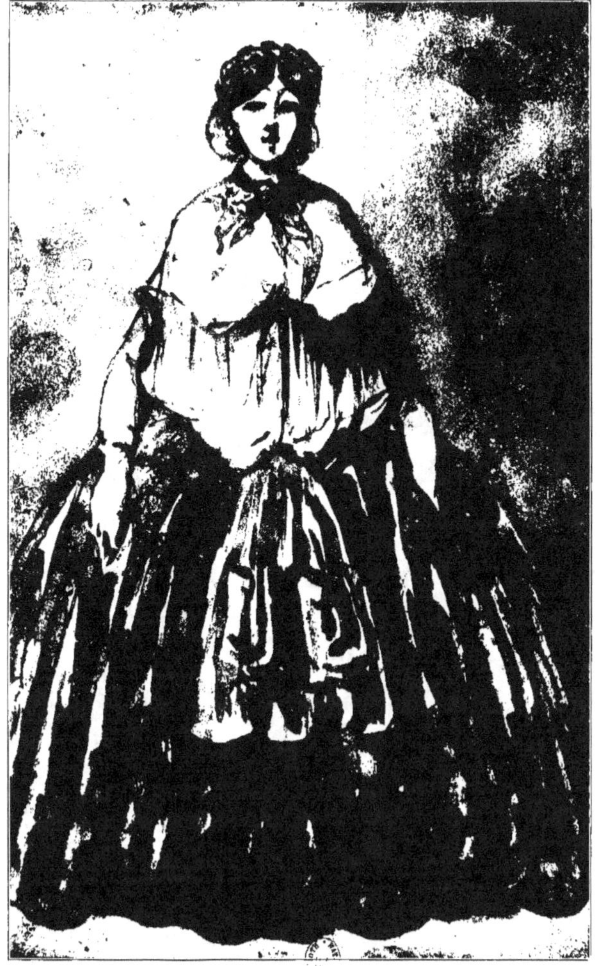

PIERREUSE   DIRNE   STREET-GIRL

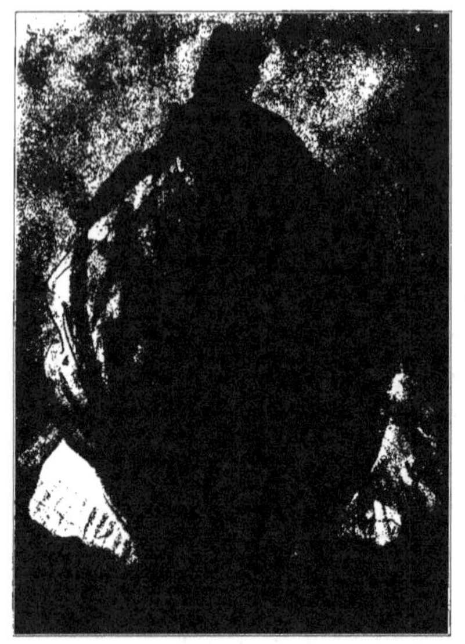

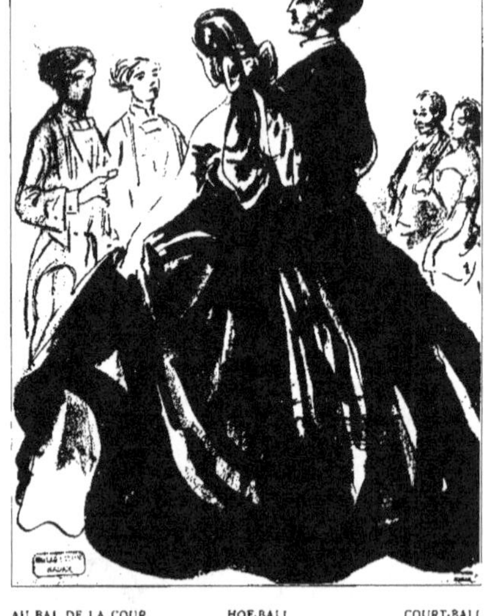

LE CHÂLE   DAS UMSCHLAGETUCH   THE SHAWL   AU BAL DE LA COUR   HOF-BALL   COURT-BALL

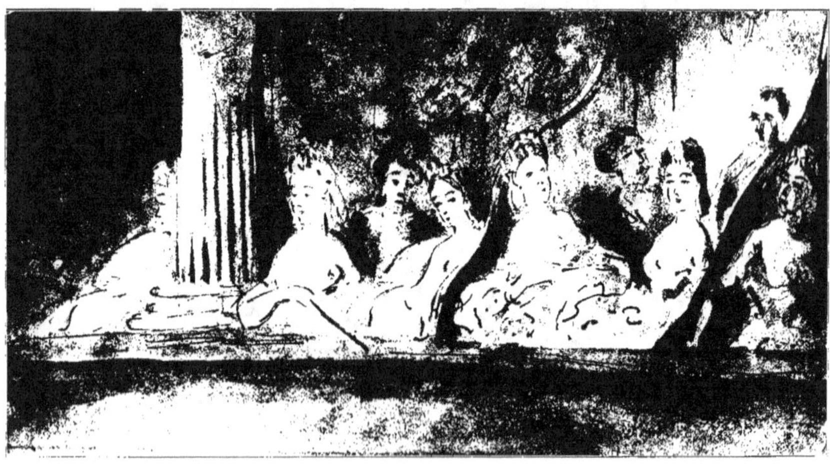

LOGES DE LA COUR   HOF-LOGEN   COURT-BOXES

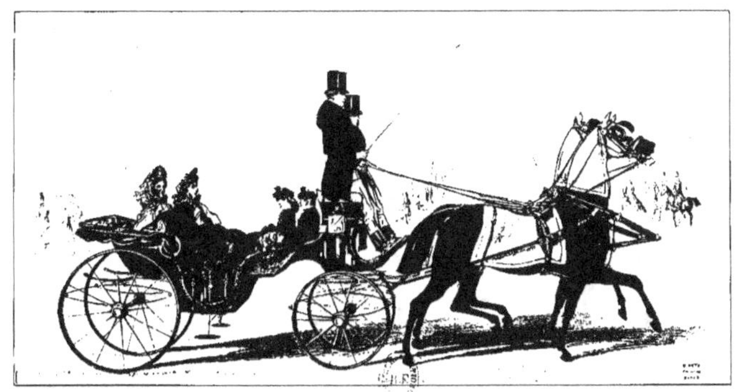

AU BOIS

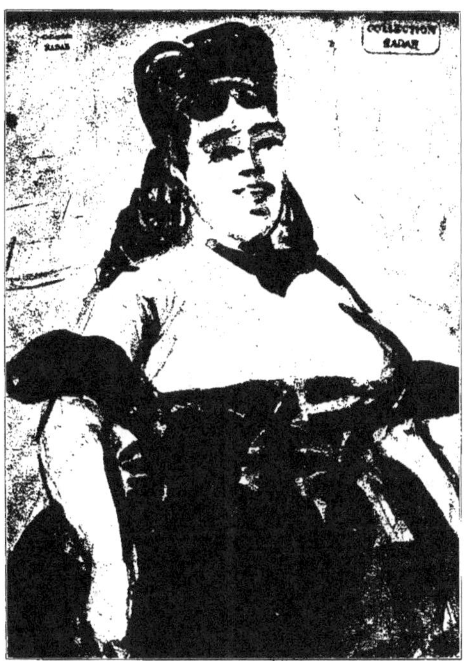

SUR LE TROTTOIR ○
AUF DEM TROTTOIR
ON THE SIDE-WALK

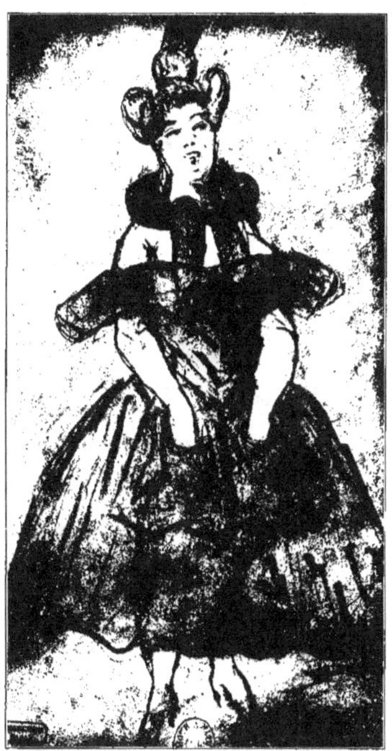

LE PETIT TABLIER ○ ○ ○
DIE KLEINE SCHÜRZE ○
THE LITTLE PINAFORE

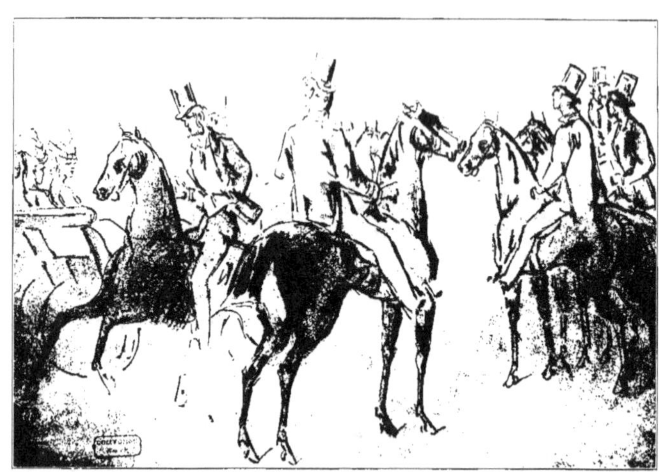

CAVALIERS   REITER   GENTLEMEN-RIDERS

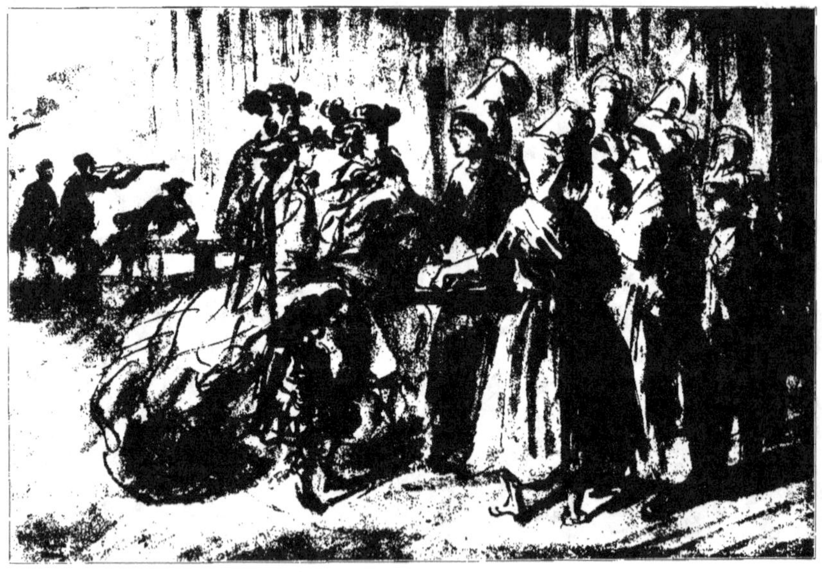

EN NORMANDIE — LE MARCHÉ   IN DER NORMANDIE — DER MARKT   IN NORMANDY — MARKET

ainsi dire géniale de l'artiste demeurant maître de son dessin jusque dans cette triste sénilité.

Un soir du carnaval de 1885, sortant de dîner chez Nadar qui lui gardait une exquise, secourable et discrète tendresse, Constantin Guys fut renversé dans la rue du Hâvre par un fiacre qui lui broya les deux jambes. Sans doute regardait-il encore quelque jolie femme qui traversait la foule bruyante ... On le transporta à la maison Dubois où il vécut encore huit années ... Jusqu'à la dernière minute, il continua à dessiner. Comme Hokousaï, jusqu'à la mort, il fut «le vieillard fou de dessin». Il s'en fut, âgé de quatre-vingt-sept ans, ayant accompli sa tâche immortelle, à peu près inconnue.

▫ ▫
▫

Cette œuvre étrange et considérable, qui fut dédaignée du vivant de son auteur, ne cesse de prendre de l'importance, depuis sa mort. Elle se situe un peu en marge de l'art du XIXe siècle. Comme telle, elle convient aux amateurs qui recherchent autre chose que l'anecdote, dans le dessin.

D'autre part, composée uniquement de croquis à la plume, de gouaches ou de crayons, elle ne fournit guère aliment aux grandes collections et aux musées encombrés. Il a fallu l'intelligence avisée du conservateur actuel du musée du Luxembourg, M. Léonce Bénédite, pour que quelques-unes de ces œuvres puissent trouver place dans ce palais de nos gloires modernes.

Telle qu'elle a été exécutée, cette tâche, toute d'instinct, par un artiste qui se fit lui-même par un don naturel, par un regard passionné perpétuellement attaché aux choses de la vie, demeurera, avec ses imperfections, ses défauts même et ses étroitesses de conceptions. Dans un cadre un peu restreint, Guys a exprimé les impressions qu'il ressentait. Il a dit ce qu'il avait à dire, ce qu'il voulait dire, et il a traduit sa vision personnelle par des moyens très simples, qui n'encourent pas les mêmes hasards que les techniques, plus compliquées, des écoles savantes. Aussi ses procédés — ou pour mieux dire, ses *moyens de travail* sont-ils curieux à observer.

Sa construction mnémotechnique du sujet, est cherchée d'abord avec quelque hésitation, en tâtonnant du crayon, sur le papier. Guys situe ainsi ses masses, ramène du fond de sa mémoire charmante le cortège de ses beaux souvenirs, remet en place la vision passée qu'il aima. Parfois alors, cette vision, précisée, se colore elle-même sobrement de teintes larges, au lavis, qui agrandissent le champ et font de ce petit bout de papier une œuvre importante. Puis enfin, et quelquefois même en se passant de la couleur, l'artiste reprend à l'encre de Chine toutes ces masses et sans jamais s'astreindre à la minutie, il cerne d'un trait, sans à-coups, nerveux et caressant tout ensemble, les plans successifs de la scène. Ces croquis qui gardent toujours un charme d'inachevé, révèlent ainsi souvent une puissance qui déconcerte. Les fonds traités largement résistent à l'analyse. Avec des procédés d'une simplicité enfantine, Guys réalise des perspectives, obtient des synthèses émouvantes et personnelles. J'ai noté, parmi les dessins de la campagne de Crimée, le *Convoi de blessés dans les Balkans*. C'est non seulement l'œuvre d'un grand dessinateur, mais aussi d'un admirable peintre. Le ciel d'un bleu lavé, rencontrant à l'horizon la neige qui couvre le sol, surprend. Et il est d'autres mélanges de couleurs, des verts-jaunes dans les feuillages, des robes d'un rouge vineux, des écharpes d'un lilas tendre ou d'un bleu de turquoise, qui ne révèlent pas le secret subtil et délicat de leur combinaison. Cette œuvre, d'autre part, qui sent la poudre, le crottin et les fards gardera une importance considérable, au gré de l'avenir. On peut le dire sans crainte de rencontrer la contradiction, elle fournit le document le plus sûr et le plus vivant tout à la fois, que nous conservions sur le Second Empire. Elle raille la tradition des petits maîtres du XVIIIe siècle qui, s'attardant à enjoliver le détail, incapables de s'abandonner au rêve qui hante les grands artistes, qui les domine et déforme toujours malgré eux-mêmes la réalité, peignent la vie telle qu'elle est. Un temps prochain sans doute va venir, où, comme on le fit pour les Saint-Aubin, les Baudoin, les Frandenberg, on répandra ces dessins par l'estampe.

Enfin ce soldat sans philosophie, un peu vulgaire, qui conta sa destinée naïvement, en dessinant les motifs de son souci, de sa passion

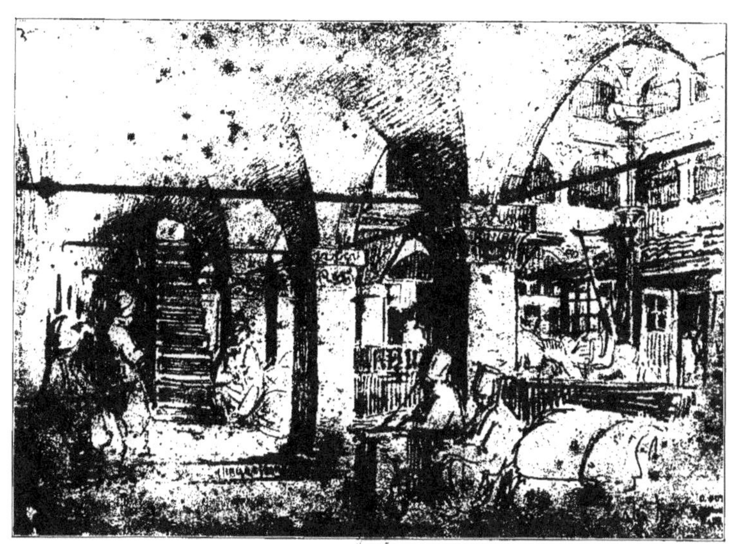

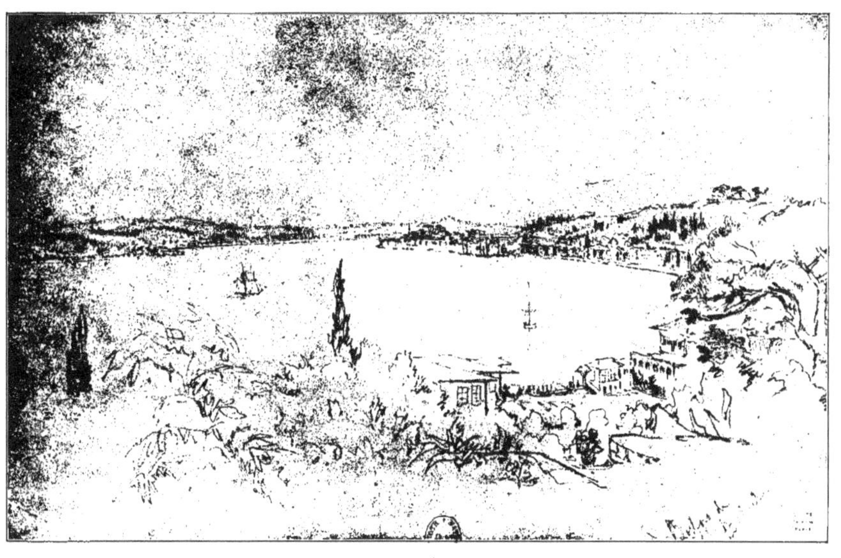

LE BOSPHORE (mine de plomb)

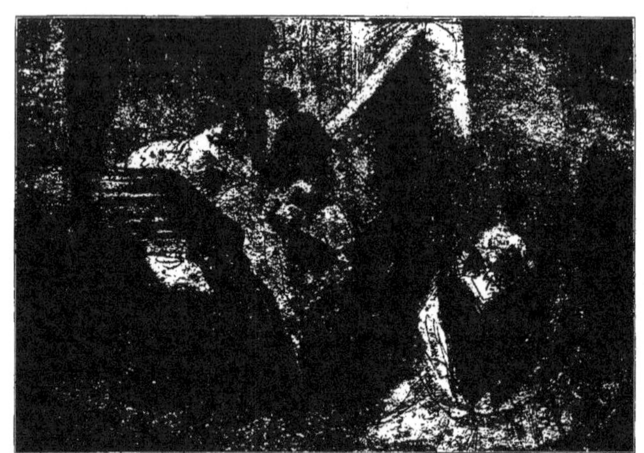

LE RETOUR   RÜCKKEHR   RETURN

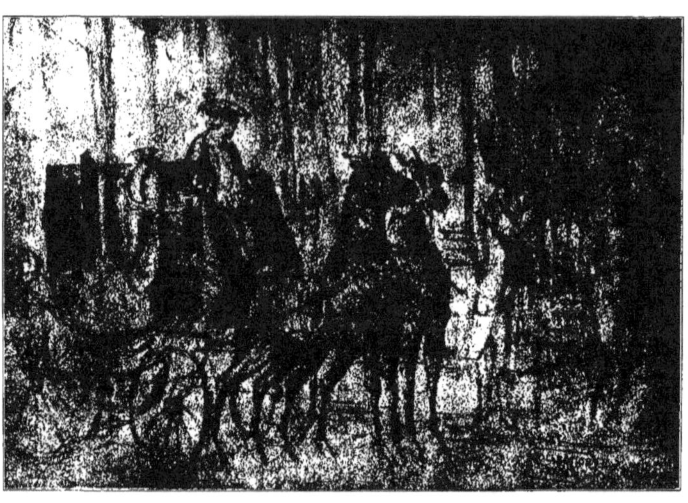

ATTELAGE DE GALA   GALAWAGEN   COURT CARRIAGE

et de son rêve, nous a légué des œuvres d'un mouvement prodigieux, aux gestes suggestifs et représentatifs. Tout est vie, dans ces croquis, même les fautes de dessin: et, n'en déplaise aux artistes de l'Ecole, c'est encore une qualité parfois, — c'est tout au moins un agrément — que des fautes comme celles de Constantin Guys.

GEORGES GRAPPE.